Sonetti.

A Pie decolli oue labella uesta
Amor piangeua & io chonlui taluolta
A pollo fancor uiue el bel difio
A mor chonfue promesse lufingando
A i bella liberta come tu mai
A uenturoso piu chaltro terreno
A mor fortuna & lamie mente schiua
A mor ma posto come segno astrale
A mor chenel pensier mio uiue eregna
A lla dolce ombra delle belle frondi
A more & io sipien dimarauiglia
A mor cheuedi ogni pensiero aperto
A mor mimanda quel dolce pensero
A mor misprona in unpunto et affrena
A mor fra lerbe una leggiadra rete
A mor chaccendel cor dardente zelo
A mor natura & labella alma humile
A lmo sol quella fronde chiosolamo
A i bella man che midestringilcore
A nima chediuerse cose tante
A nzi tre di creata eralma imparte
A ura chequelle chiome bionde e crespe
A mor cholla man dextra ellato manco
A more io fallo & ueggiolmio fallire
A rbor uictoriosa triomphale
A spro core esseluagio ecruda uoglia
A mor seuuoi chitorni algiogo antico
A lma felice chesouente torni
A mor chemeco albuon tempo tistaui
A nima bella daquelnodo sciolta

A leader d'una pianta che si suelso
A mor quando fioriua

BEnedecto sielgiorno elmese elanno
Ben sapeuio chenatural consiglio
Ben micredea passar mio tempo omai
Beato insogno & dilanguir contento

CHi efermato dimenar suo uita
Cosi potessio benchiudere inuersi
C esare poi cheltraditor degypto
C hiare fresche & dolci acque
C ome talora alcaldo tempo sole
C hefai alma chepensi auremmai pace
C omel candido pie perlerba fresca
C antai or piango & non mendidolceza
C hi uuol ueder quantunque puo natura
C ercato o sempre solitaria uita
C ara lauita & dopo lei mipare
C hedebbio far chemi consigli amore
C he fai chepensi chepur dietro guardi
C ome ualmondo ormidilecta epiace
C onobbi quantolciel gliocchi maperse.

DEl mar thyreno allasinistra riua
Dellimpia babillonia onde e fugita
D icessette anni a gia riuolto ilcielo
D onna miuenne spesso nellamente
D ipensiero inpensier dimonte inmonte
D itempo intempo misisa mendura

D idi indi uo cangiandoluiso elpelo
D un bel chiaro pulito & uiuo ghiaccio
D olci ire dolci sdegni & dolci paci
D odici donne honestamente lasse
D uo rose fresche & colte in paradiso
D atemi pace oduri miepensieri
D iscolorato ai morte elpiu beluiso
D uo gran nimiche insieme eranagiunte
D elcibo ondelsignor mio sempreabonda.
D olce mio caro & pretioso pegno
D olci dureze & placide repulse
D eporgi mano allaffannato ingegno
D equal pieta qualangel fu si presta
D onna chelieta colprincipio nostro
D apiu begliocchi & dalpiu chiaro uiso.
D icemi spesso elmio fidato spechio.

E R algiorno chal sol siscolorato
E rano ecapei doro allaura sparsi
E questolnido inchelamie fenice
E mipar dora mora udirelmesso.

F V eggendo laprigione ouamor mebbe
F iamma dalciel suletue trecce pioua
F ontana didolore albergo dira
F era stella selciclo a forza in noi
F resco ombroso fiorito & uerde colle
F arpotessio uendetta dicolei
F uforse untempo dolce cosa amore.

G Loriosa colonna inchui sappoggia
G iouane donna sottunuerde lauro
G ia fiammeggiaua lamorosa stella
G entil mie donna io ueggio
G iunto ma amore frabelle ecrude braccia
G eri quando talor meco sadira
G iunto alexandro allafamosa tomba
G ratie chapochi ilciel largo destina
G ia disiai chonsi giusta querela
G liocchi dichio parlai si caldamente

I O mi riuolgo indietro aciaschun passo
I l successor dicarlo che lachioma
I o temo si debegliocchi lassalto
I l figliuolo dilatona auea gianoue
I l mio aduesario inchui ueder solete
I o sentia dentro alcor gia uenir meno
I son gia stanco dipensar sicome
I begliocchi ondio fui percosso inguisa
I o son si stanco sottol fascio antico
I o non fui damar uoi lassato unquanco
I o amai sempre et amo forte ancora
I o aro sempre inodio lafenestra
I o son dellaspectare omai si uinto
I n mezo didue amanti honesta altera
I n quella parte doue amor misprona
I talia mia benchelparlar sia indarno
I canterei damor si nouuamente
I tecaldi sospiri alfreddo core
I uidi in terra angelici costumi

I n qual parte del cielo in quale idea
I dolci colli ouio lasciai messesso
I nnobil sangue uita humile & queta
I l cantar nouo el pianger degli augelli
I o piansi hor canto che celeste lume
I miuiuea di mie sorte contento
I o o pregato amore & nel ripriego
I l mal mipreme & mi spauental peggio
I n dubbio di mio stato or piango or canto
I o pure ascolto & non odo nouella
I n quel bel uiso chio sospiro & bramo
I n tale stella due begliocchi uidi
I o uo pensando & nel pensier massale
I o piendi sospiri questo aer tutto
I o misoglio accusare & or miscuso
I o pensauo assai dextro esser sulale
I di miei piu leggieri chenessun ceruo
I te rime dolenti al duro saxo.
I o uo piangendo emie passati tempi.

L Agola elsonno & lotiose piume
L Lassare eluelo o per sole o per ombra
L oro & leperle & ifiori uermigli ebianchi
L aguancia chefugia piangendo stanca
L arbor gentil cheforte amai moltianni
L asso che male accorto fui daprima
L aer grauato & limportuna nebbia
L aspecto sacro della terra uostra
L asso ome chio non so in qual parte pieghi
L a bella donna checotanto amaui

L asso benso chedolorose prede
L aspectata uertu chen uoi fioriua
L asso quante fiate amor massale
L adonna chelmio cor nel uiso porta
L auara babillonia acolmol sacco
L estelle elcielo & glielementi aproua
L ieti fiori & felici & ben nate herbe
L aura gentile cherasserena epoggi
L aura serena chefra uerdi frondi
L aura celeste chenqueldolce lauro
L aura soaue alsole spiega & uibra
L asso chio ardo & altri non melcrede
L iete & pensose accompagnate & sole
L asso amor mi trasporta ouio non uoglio
L auer laurora che si dolce laura
L alto signore dinanzi achui non uale
L aura chel uerde lauro & laureo crine
L asera disiare odiar laurora
L ardente nodo ouio fui dora inora
L auita fugge & non sarresta unora
L alma mia fiamma oltralle belle bella
L euommi elmio pensiero in parte ouera
L alto & nouo miracolo chadi nostri
L aura & lodore el refrigerio & lombra
L ultimo lasso demie giorni allegri
L asciato ai morte senza sole elmondo
L aura mia sacra almio stanco riposo
L iangeli electi & lanime beate.

M Ouesil uecchierello canuto & bianco

Mille fiate o dolce mia guerrera
Ma poi cheldolce riso humile & piano
Mie uenture aluenir son tarde & pigre
Mai non uo piu cantar comio solea
Mirandol sole debegliocchi sereno
Mille piagge in un giorno e mille riui
Mie uentura & amor mauean si adorno
Mira quel colle o stanco mio cor uago
Mai non fu in parte oue si schiar uedessi
Mentre chelcor dagliamorosi uermi.
Mente mia chepresaga de tuo danni
Mai non uedranno lemie luci asciutte
Mie benigna fortuna eluiuer lieto
Morte a spento quel sole chabagliar.

NEl dolce tempo della prima etade suolmi
Nella stagion chelciel rapido inchina
Non alsuo amante piu diana piacque
Noua angeletta soura lale accorta
Non ueggio oue schampar mi possa omai
Necosibello el sol giamai leuarsi
Non tesin po uaro arno adice & ebro
Non datra & tempestosa onda marina
Non fur mai gioue ocesare simossi
Non pur quelluna bella ignuda mano
Non da ispano hibero allindo idalpe
Non a tanti animali elmar fralonde
Nelleta sua piu bella & piu fiorita
Ne mai pietosa madre alcaro figlio
Ne per sereno cielo ir uaghe stelle

M

Non puo far morte eldolce uiso amaro.

O Chi mie lassi mentre chio uigito
O aspectata in ciel beata & bella
O tso e non fur mai fiumi nestagni
O chi piangete accompagnatel core
O rso aluostro destrier sipuo benporre
O dardente uertu ornata & calda
O ue chio posi gliocchi lassi ogiri
O passi scarsi openfier uaghi & prompti
O r chelcielo & la terra eluento tace
O inuidia nimica diuertute
O nde tolse amor loro & diqual uena
O cameretta chegia fusti un porto
O r uedi amor chegiouinetta donna
O misera & orribil uisione
O dolci sguardi oparolette accorte
O ime il bel uiso oime ilsoaue sguardo
O chi miei obscurati & ilnostro sole
O ue lafronte che conpicciol cenno
O rai facto lextremo di tuo possa
O giorno o ora o ultimo momento
O tempo o ciel uolubil chefuggendo
O gni giorno mi pare piu dimillanni.

PErfate una leggiadra suo uendecta
Piouommi amare lacrime daluiso
P iu dime lieta non siuide a terra
P er chio tabbia guardata damenzogna
P oco era adappressarsi agliocchi miei

Perchalui so damor portaua insegna
Perche quel chemitrasse adamar prima
Padre delcielo dopo eperduti giorni
Perche lauita e breue
Poi che permio destino
Permirar policreto aproua fiso
Poi che mie speme e lunga auenir troppo
Piangete donne & con uoi pianga amore
Piu uolte amor maueagia decto schriui
Poi che uoi & io piu uolte abbiam prouato
Per seguendomi amore alluogo usato
Pien diquella ineffabile dolceza
Poi chelchammin me chiuso dimerzede
Pace non truouo & no o dasar guerra
Pommi ouelsole uccide efiori & lerba
Pien dun uago pensier chemidisuia
Piu uolte gia dalbel sembiante humano
Permezi eboschi inhospiti & seluaggi
Po ben puoi tu portartene lascorza
Passa lanaue mia colma doblio
Pasco lamente dun si nobil cibo
Passer mai solitario in alcun tecto
Parra forse adalcuno chen lodar quella
Passato e eltempo omai lasso che tanto
Poi che lauista angelica serena

QVe chenfinita prouidenza & arte
Quando mouo esospiri achiamar uoi
Quandol pianeta che distingue lore
Quando fralaltre donne adora adora

Q uando son tutto uolto inquella parte
Q ualunque animale alberga in terra
Q uesta anima gentil che sidiparte
Q uanto piu mauicino algiorno extremo
Q uando dalproprio sito sirimoue
Q ue chentesaglia ebbe leman si prompte
Q uel foco chio pensai essere spento
Q uando giunse asimone lalto concepto
Q uando giugne per gliocchi alcor profondo
Q uella fenestra oue lun sol siuede
Q ui doue mezo sono sennuccio mio
Q uelle pietose rime inchio maccorsi
Q uel uago impalidir cheldolce riso
Q ual piu diuersa & noua
Q uanto piu disiose lali stendo
Q uandio uodo parlar sidolcemente
Q uandol uoler checonduo sproni ardenti
Q ueste humil fera uncor ditigre odorso
Q uel sempre acerbo & honorato giorno
Q uando amore ibegliocchi aterra inchina
Q uando miuene innanzi iltempo elloco
Q uesta fenice della aurata piuma
Q ual mio destino qualforza o qualinganno
Q uando solbagna inmar laurato carro
Q ual uentura mi fu quando dalluno
Q ual paura o quando mitorna amente
Q ual donna attende a gloriosa fama
Q uante fiate almio dolce recepto
Q uandio ueggio dalciel scender laurora
Q uando miuolgo indietro amirar glianni

Q uanta inuidia ti porto auara terra
Q uel sol che mi mostraua el camin dextro
Q uella per chui chonsorga o cangiato arno
Q uel rosignuol che si soaue piagne
Q uel uago dolce caro honesto sguardo
Q uel che dodore & di color uincea
Q uesto nostro caduco & fragil bene
Q uandol soaue mio fido conforto
Q uello antico mio dolce impio signore

R Imansi adietro elsextodecimo anno
R apido fiume che dalpestra uena
R eal natura angelico intellecto
R otta e lalta colonna eluerde lauro
R ipensando aquel choggi el cielo honora

S I trauiato e elfolle mio disio
S e lamie uita dallospro tormento
S ono animali almondo disi altera
S e lonorata fronde che prescriue
S olo & pensoso e piu diserti campi
S io credessi per morte essere scarco
S i e debile elfilo achui sattene
S amore o morte nondam qualche stroppio
S e mai foco per foco non sispense
S pirto gentile che quelle membra reggi
S e col cieco desir chelcor distrugge
S e uoi poteste perturbati segni
S al principio risponde elfine elmezo
S e bianche non son prima ambo letempie

S i tosto come auien chelarco scochi
S ennuccio iouo che sappi inqual manera
S el saxo onde piu chiusa questa ualle
S el pensier che mi strugge
S amor none chedunque equel chio sento
S io fossi stato fermo alla spelunca
S el dolce sguardo dicostei mancide
S e uirgilio & homero auessin uisto
S i come eterna uita e ueder dio
S tiamo amore aueder lagloria nostra
S ildissi mai chiuegna inodio aquella
S olea lontana insogno consolarmo
S ignor mio caro ogni pensier mitira
S amor nuouo consiglio non aporta
S elamentar augegli ouerdi frondi
S i breue celtempo elpensier si ueloce
S equellaura soaue desospiri
S ennuccio mio benchedoglioso et solo
S io auessi pensato chesicare
S olcasi nel mio cor star bella & uiua
S oleano emie pensier soauemente
S ento laura mia antica & idolcicolli
S tandomi ungiorno solo alla finestra
S olea dalla fontana dimie uita
S onesto amor puo meritar merzede
S pirto felice chesi dolcemente
S pinse amore & dolore o uit non debbe.

T V ttoldi piango & poi lanocte quando
Tra quantunque leggiadre donne e belle

Tutta lamia fiorita & uerde etade
Tempo era omai da trouar pace otriegua
Tranquillo porto auea monstrato amore
Tacer non posso & temo non adopre
Tornamiamente anzi uedentro quella
Tennemi amore anni uentuno ardendo

VOi chascoltate inrime sparsel sono
  Vergognando talor chancor sitaccia
Verdi panni sanguigni o scuri & persi
Volgendo gliocchi almio nouo colore
Vinse haniballe & non seppe usar poi
Una donna piu bella assai chel sole
Una candida cerua sopra lerba
Voglia misprona amor miguida escorge
Una fede amorosa uncor non finto
Vincitore alexandro lira uinse
Viue sauille uscian deduo belumi
Valle chedelamenti miei sepiena
Vidi fra mille donne una gia tale
Vago augelletto che cantando uai
Volo chonali dipensieri alcelo
Vergine bella che disol uestita.

ZEffiro torna elbel tempo rimena

Sonetto I.

OI CH'ASCOLTATE IN RI
me sparse il suono
Di quei sospiri ond'io nudriual core
In sul mio primo giouenile errore
quand'era in parte altro huom da quel ch'i sono:
del uario stile inch'io piango & ragiono
fra le uane speranze e'l uan dolore
oue sia chi per proua intenda amore
spero trouar pieta non che perdono:
Ma ben ueggio hor si come al popol tutto
fauola fui gran tempo onde souente
di me medesmo meco mi uergogno/
& del mio uaneggiar uergogna e'l fructo
e'l pentersi e'l conoscer chiaramente/
che quanto piace al mondo e breue sogno

II.

ERA il giorno ch'al sol si scoloraro/
per la pieta del suo factore i rai /
quando i fui preso. & non mene guardai:
che i be uostri occhi donna mi legaro:
tempo non mi parea da far riparo
contra colpi d'amor: pero mandai
secur senza sospecto; onde i miei guai
nel commune dolor s'incominciaro.
Trouommi amor del tutto disarmato
& aperta la uia per gli occhi al core
che di lagrime son facti uscio & uarco:
pero al mio parer non li fu honore
ferir me de saetta in quello stato/
a uoi armata non monstrar pur l'arco

III.

PER fare una leggiadra sua uendetta
& punire in un di ben mille offese
celatamente amor larco riprese
come huom cha nocer luogo & tempo aspetta
era la mia uertute al cor ristretta
per fare iui nel gliocchi sue difese
quandol colpo mortal la giu discese
oue solea spuntarsi ogni saetta
P ero turbata nel primiero assalto
non ebbe tanto ne uigor ne spatio
che potesse albisogno prender larme
ouero al poggio faticoso & alto
ritrarmi accortamente da lostratio
del quale oggi uorrebbe & nonpo aitarme

IIII.

QVel chinfinita prouidentia & arte
monstro nel suo mirabil magistero
che crio questo & quelaltro hemispero
& mansueto piu gioue che marte
uegnendo in terra alluminar lecarte
chauean moltanni gia celato il uero
tolse giouanni da la rete & piero
& nel regno del ciel fece lor parte
D i se nascendo a roma non fe gratia
a giudea si tanto sourogni stato
humiltate exaltar sempre glipiacque
ed or di picciol borgo un sol na dato
tal che natura el luogo si ringratia
onde si bella donna almondo nacque

V.

Quando io mouo i sospiti a chiamar uoi
el nome che nel cor mi scrisse amore
laudando sincomincia udir di fore
il suon de primi dolci accenti suoi
uostro stato real chencontro poi
raddoppia allalta impresa il mio ualore
ma taci grida il fin che farle honore
e daltri homeri soma che da tuoi
Cosi laudare & reuerire insegna
la uoce stessa pur chaltri ui chiami
o dogni reuerenza & donor degna
se non che forse apollo si disdegna
cha parlar de suoi sempre uerdi rami
lingua mortal presumptuosa uegna

VI.

SI trauiato el folle mio desio
a seguitar costei chen fuga e uolta
& de lacci damor leggiera & sciolta
uola dinanzi allento correr mio
che quanto richiamando piu lenuio
per la secura strada men mascolta
ne miuale spronarlo o dargli uolta
chamor per sua natura ilfa restio
Et poi chel fren per forza a se raccoglie
i mi rimango in signoria di lui
che mal mio grado a morte mitrasporta
sol peruenir allauro onde si coglie
acerbo fructo che le piaghe altrui
gustando afflige piu che non conforta

VII

La gola el sonno & lotiose piume
anno del mondo ogni uertu sbandita
onde dal corso suo quasi smarrita
nostra natura uinta dal costume
& e si spento ogni benigno lume
del ciel per chui sinforma humana uita
che per cosa mirabile saddita
chi uol far de licona nascer fiume
Qual uagezza di lauro qual di mirto
pouera & nuda uai phylosophia
dice la turba al uil guadagno intesa
pochi compagni aurai per laltra uia
tanto tiprego piu gentile spirto
non lassar la magnanima tua impresa

VIII

A Pie de colli oue la bella uesta
prese de le terrene membra pria
la donna ch'e colui cha te nenuia
spesso dal sonno lagrimando desta
libere in pace passauam per questa
uita mortal chogni animal disia
senza sospecto di trouar fra uia
cosa chal nostrandar fosse molesta
Ma del misero stato oue noi semo
condocte da la uita altra serena
un sol conforto de la morte auemo
che uendecta e di lui cha cio ne mena
lo qual inforza altrui presso al extremo
riman legato con maggior catena

VIIII.

Quandol pianeta che distingue lore
ad albergar col tauro si ritorna
ca de uertu di linfiammate corna
che ueste il mondo di nouel colore
& non pur quel che sapre a noi di fore
le riue ei colli di fioretti adorna
ma dentro doue giamai non saggiorna
grauido fa di se il terrestro humore
Onde tal fructo & simile si colga
cosi costei che tra le donne un sole
in me mouendo de begliocchi irai
cria damor pensieri acti & parole
ma come chella gli gouerni o uolga
primauera per me pur non e mai

X.

Gloriosa colonna in chui sapoggia
nostra speranza el gran nome latino
chancor non torse del uero caminno
lira di gioue per uentosa pioggia
qui non palazzi non theatro o loggia
ma in lor uece un'abete un faggio un pino
tra lerba uerde el bel monte uicino
onde si scende poetando & poggia
Leuan di terra al ciel nostrintellecto
el rosignuol che dolcemente allombra
tutte le nocti si lamenta & piagne
damorosi penseri el cor ningombra
ma tanto ben sol tronchi & fai imperfecto
tu che da noi signor mio ti scompagne

Ballata. i.
xl.

Lassare il uelo o per sole o per ombra
  donna non uiuidio
poi che in me conoscesti il gran desio
chognaltra uoglia dentralcor misgombra
Mentrio portaua i be pensier celati
  channo lamente desiando morta
uidiui di pietate ornare il uolto
ma poi chamor di me ui fece accorta
fuor ibiondi capelli allor uelati
& lamoroso sguardo in se raccolto
Quel chi piu desiaua in uoi me tolto
  si mi gouerna il uelo
che per mia morte & al caldo & al gielo
de be uostrocchi il dolce lume adombra

xli.

SE la mia uita da laspro tormento
  si puo tanto schermire & dagliaffanni
chi ueggia per uertu de gliultimi anni
donna de be uostrocchi il lume spento
& capei doro fin farsi dargento
& lassar le girlande ei uerdi panni
el uiso scolorir che ne miei danni
allamentar mi fa pauroso & lento
Pur mi dara tanta baldanza amore
chi mi discouriro de mei martiri
quai sono stati glianni ei giorni & lore
& sel tempo e contrario ai be disiri
non fia chalmen non giunga almio dolore
alcun soccorso di tardi sospiri

.Č.ii.

Quando fra laltre donne adora adora
amor uien nel bel uiso di costei
quanto ciascheuna e men bella di lei
tanto crescel desio cheminnamora
i benedico il loco el tempo & lora
che si alto miraron gliocchi mei
& dico anima assai ringratiar dei
che fosti a tanto honor degnata allora
Da lei ti uen lamoroso pensero
che mentrel segui alsommo ben tinuia
poco prezando quel chogni huom desia
da lei uien lanimosa leggiadria
chal ciel tiscorge per dextro sentero
si chi uo gia de la speranza altero

.Bal.ii.

Occhi miei lassi mentre chio ui giro
nel bel uiso di quella che ua morti
pregoui siate accorti
che gia uisfida amore ondio sospiro
Morte po chiuder sola amiei penseri
lamoroso camin che gli conduce
al dolce porto de la lor salute
mi puossi a uoi celar la uostra luce
per meno obgetto per che meno interi
siete formati & di minor uertute
pero dolenti anzi che sian uenute
lore del pianto che son gia uicine
prendete hor a la fine
breue conforto a si longo martiro

.xliii.

IO mi riuolgo in dietro a ciascun passo
col corpo stanco cha gran pena porto
& prendo allor del uostra ere conforto
chel fa gir oltra dicendo o ime lasso
poi ripensando al dolce ben chio lasso
al camin lungo & al mio uiuer corto.
fermo le piante sbigottito & smorto
& gliocchi in terra lagrimando abasso
T alor massale in mezzo a tristi pianti
un dubbio como posson queste membra
da lo spirito lor uiuer lontane
ma rispondemi amor non ti rimembra
che questo e priuilegio de gliamanti
sciolti da tutte qualitati humane

.xliiii.

MOuesi il uecchierel canuto & bianco
del dolce loco oua sua eta fornita
& da la famighuola sbigottita
che uede il caro padre uenir manco
in di trahendo poi lantiquo fianco
per lextreme giornate di sua uita
quanto piu po col buon uoler saita
rotto da glianni & dal camino stanco
E t uiene a roma seguendol desio
per mirar la sembianza di colui
chancor lassu nel ciel uedere spera
cosi lasso talor uo cercandio
donna quanto e possibile in altrui
la disiata uostra forma uera

.XV.

Piouommi amare lagrime dal uiso
con un uento angoscioso di sospiri
quando in uoi adiuien che gliocchi giri
per cui sola dal mondo i son diuiso
uero e chel dolce mansueto riso
pur acqueta gliardenti miei desiri
& mi sottragge al foco de martiri
mentrio son a mirarui intento & fiso
Ma gli spiriti miei saghiaccian poi
chi ueggio al departir gliacti soaui
torcer da me le mie fatali stelle
largata al fin co lamorose chiaui
lanima esce delcor per seguir uoi
& con molto pensiero indi sisuelle

.XVI.

QVandio son tutto uolto in quella parte
ouel bel uiso di madonna luce
& me rimasa nel pensier la luce
che marde & strugge dentro aparte aparte
i che temo del cor che mi si parte
& ueggio presso il fin de lamia luce
uomene in guisa dorbo senza luce
che non sa oue siuada & pur siparte
Cosi dauanti ai colpi de la morte
fuggo ma non si ratto chel desio
meco non uenga come uenir sole
tacito uo che le parole morte
farian pianger la gente & i desio
che le lagrime mie si spargan solo

.xvii.

Son animali al mondo de si altera
uista chencontral sol pur si difende
altri pero chel gran lume glioffende
non escon fuor se non uerso lasera
& altri col desio folle che spera
gioir forse nel foco perche splende
prouan laltra uertu quella chencende
lasso el mio loco en questa ultima schera
Chi non son forte ad aspectar la luce
di questa donna & non so fare schermi
di luochi tenebrosi o dore tarde
pero con gliocchi lagrimosi en fermi
mio destino a uederla mi conduce
& so ben chi uo dietro a quel che marde

.xviii.

Vergognando talor chancor sitaccia
donna per me uostra belezza in rima
ricorro al tempo chi ui uidi prima
tal che nullaltra sia mai che mi piaccia
ma trouo peso non da le mie braccia
ne oura da polir colla mia lima
pero lingegno che sua forza extima
nel operation tutto saghiaccia
Piu uolte gia per dir le labbra apersi
poi rimase la uoce in mezzol pecto
ma qual son poria mai salir tantalto
piu uolte in cominciai di scriuer uersi
ma la penna & la mano & lintellecto
rimaser uinti nel primier assalto

XIX

Mille fiate o dolce mia guerrera
per auer co begliocchi uostri pace
uaggio proferto il cor ma uoi non piace
mirar si basso colamente altera
& se di lui forsaltra donna spera
uiue in speranza debile & fallace
mio per che sdegno cio cha uoi dispiace
esser non puo giamai cosi comera
Or sio lo scaccio & ei non troua in uoi
nel exilio in felice alcun soccorso
ne sa star sol ne gire oualtri il chiama
porcia smarrire il suo natural corso
che graue colpa sia dambeduo noi
& tanto piu de uoi quanto piu uama

Sest. i.

Qualunque animale alberga in terra
se non se alquanti channo in odio ilsole
tempo da trauagliare e quanto elgiorno
ma poichel ciel accende le sue stelle
qual torna a casa & qual sannidia in selua
per auer posa al meno in fin a lalba
Et io da che comincia la bella alba
asquoter lombra intorno de la terra
suegliando glianimali in ogni selua
non o mai triegua di sospir col sole
poi quandio ueggio fiameggiar le stelle
uo lagrimando & disiando il giorno
Quando lasera schaccia il chiaro giorno
& le tenebre nostre altrui fanno alba
miro pensoso le crudeli stelle

che manno facto di senſibil terra
& maladico il di chi uidil ſole
che mi fa in uiſta un buom nudrito in ſelua
Non credo che paſceſſe mai per ſelua
ſi aſpra fera o di nocte o di giorno
come coſtei chi piango a lombra e alſole
& non mi ſtanca p̃rimo ſonno o dalba
che ben chi ſia mortal corpo di terra
lomio fermo deſir uien da le ſtelle
Prima chi torni a uoi lucenti ſtelle
o tomi giu ne la amoroſa ſelua
laſſando il corpo che fia trita terra:
uedeſſio in lei pieta che un ſol giorno
puo riſtorar moltanni e nanzi lalba
puommi arichir dal tramontar del ſole
Con lei foſſio da che ſi parte il ſole
& non ci uedeſſaltri che le ſtelle
ſol una nocte & mai non foſſe lalba
& non ſe tranſformaſſe in uerde ſelua
per uſcirmi di braccia come il giorno
chapollo la ſeguia quaggiu per terra
Ma io ſaro ſotterra in ſecha ſelua
el giorno andra piendi minute ſtelle
prima cha ſi dolce alba arriui ſole

Canz. i.

NEl dolce tempo de la prima etade
che naſcer uide & ancor quaſi in herba
la fera uoglia che per mio mal crebbe
per che cantando il duol ſi diſacerba
cantero comio uiſſi in libertade

mentre amor nel mio albergo aſdegno febbe
poi ſeguito ſi come à lui nen crebbe
troppo altamente & che dicio mauenne
di chio ſon facto amolta gente exempio
ben chel mio duro ſcempio
ſie ſcripto altroue ſi che mille penne
ne ſon gia ſtance & quaſi in ogni uallo
rimbombi il ſuon de miei graui ſoſpiri
cha quiſtan fede a la penoſa uita
& ſe qui la memoria non maita
come ſuol fare iſchuſilla i martiri
& un penſer che ſolo angoſcia dalle
tal cha dognaltro fa uoltar le ſpalle
e mi face obliar me ſteſſo a forza
che ten di me quel dentro & io la ſcorza

I dico che dal di chel primo aſſalto
mi diede amor moltanni eran paſſati
ſi chio cangiaua el giouinil aſpecto
e dintorno al mio cor penſier gelati
facto auean quaſi adamantino ſmalto
challentar non laſſaua el duro affecto
lagrima ancor non mi bagnaua il pecto
ne rompea il ſonno & quel che in me non era
mi parcua un miracolo in altrui
laſſo che ſon che fui
lauita el fin el di loda la ſera
che ſentendo il crudel di chio ragiono
in fin allor percoſſa di ſuo ſtrale
non eſſer mi paſſato oltra la gonna
preſe in ſua ſcorta una poſſente donna

uer chui poco giamai miualse o uale
ingegno o forza o dimandar perdono
ei duo mi trasformaro in quel chi sono
faccendomi duom uiuo un lauro uerde
che per fredda stagion foglia non perde
Qual mi fecio quando primer macorsi
dela trasfigurata mia persona
ei capei uidi far di quella fronde
di che sperato auea gia lor corona
ei piedi in chio mi stetti & mossi & corsi
como ogni membro a lanima risponde
diuentar due radici soura londe
non di penneo ma dun piu altero fiume
en due rami mutarsi ambe le braccia
ne meno ancor maghiaccia
lesser couerto poi di bianche piume
allor che folminato & morto giacque
il mio sperar che troppalto montaua
che perchio non sapea doue ne quando
mel ritrouasse solo lagrimando
la oue tolto mi fu di & nocte andaua
ricercando dallato & dentro a lacque
& gia mai poi la mia lingua non tacque
mentre poteo del suo cader maligno
ondio presi col suon color dun cigno
Cosi lungo lamate riue andai
che uolendo parlar cantaua sempre
merce chiamando con estrania uoce
ne mai in si dolci o in si soaui tempre
risonar seppi gliamorosi guai

chel cor sumiliasse aspro & feroce
qual fu asentir che ricordar micoce
ma molto piu di quel che per innanzi
de la dolce & acerba mia nimica
e bisogno chio dica
ben che sia tal chogni parlare auanzi
questa che col mirar glianimi fura
maperse il pecto el cor prese con mano
dicendo a me dicio non far parola
poi la riuidi in altro habito sola
tal chi non laconobbi o senso humano
anzi le dissi uer pien di paura
& ella ne lusata sua figura
tosto tornando fecemi oime lasso
duom quasi uiuo & sbigottito sasso
E lla parlaua si turbata in uista
che tremar mi fea dentro a quella petra
udenda i non son forse chi tu credi
e dicea meco se costei mi spetra
nulla uita mi fia noiosa o trista
a farmi lagrimar signor mio riedi
come non so pur io mossi indi ipiedi
non altrui incolpando che me stesso
mezo tutto quel di trauiuo & morto
ma perchel tempo e corto
la penna al buon uoler non puo gir presso
onde piu cose ne lamente scritte
uo trapassando & sol dal'cune parlo
che marauiglia fanno a chi lascolta
morte mi sera intorno al core auolta

ne tacendo potea di sua man trarlo
o dar soccorso a le uertuti afflicte
le uiue uoci merano interdicte
ondio gridai con carta & con inchostro
non son mio no sio moro il danno e uostro

B en mi credea di nanzi agliocchi suoi
dindegno far cosi dimerce degno
& questa speme mauea facto ardito
ma talora humilta spegne disdegno
talor len fiamma & io seppio da poi
lunga stagion di tenebre uestito
cha quei preghi il mio lume era sparito
& io non ritrouando in torno in torno
ombra di lei ne pur de suoi piedi orma
come huom che trauia dorma
gittai mi stanco soura lerba un giorno
iui accusando il fugitiuo raggio
a le lagrime triste allargail freno
& lasciaile cader come a lor parue
ne giamai neue sotto al sol disparue
comio senti me tutto uenir meno
& farmi una fontana apie dum faggio
gran tempo humido tenni quel uiaggio
chi udi mai duom uero nascer fonte
& parlo cose manifeste & conte

L alma che sol da dio facta gentile
che gia daltrui non puo uenir tal gratia
simile alsuo factor stato ritene
pero diperdonar mai non e satia
a chi col core & col sembiante humile

dopo quantunq; offese a merce uene
& se contra suo stille ella sostene
desser molto pregata inlui si spechia
& fal per chel peccar piu si pauente
che non ben si ripente
de lun mal chi de laltro sapparechia
poi che madonna da pieta commossa
degno mirarmi & ricognobbe & uide
gir dipari la pena col peccato
benigna mi redusse al primo stato
ma nulla el mondo in chuom saggio si fide
chancor poi ripregando in erui & lossa
mi uolse in dura selce & cosi scossa.
uoce rimasi de lantiche some
chiamando morte & lei sola per nome

S pirto doglioso errante mi rimembra
per spelunche deserte & peregrino
piansi moltanni il mio sfrenato ardire
& ancor poi trouai di quel mal fine
& ritornai ne le terrene membra
credo per piu dolore iui sentire
io segui tanto auanti il mio desire
chun di chacciado si comio solea
mi mossi & quella fera bella & cruda
in una fonte ignuda
si staua quandol sol piu forte ardea
io per che daltra uista non mappago
stetti amirarla ondella ebbe uergogna
& per farne uendecta o per celarse
lacqua nel uiso co le man mi sparse

uero diro forfe e parra menzogna
chi fenti trarmi de la propria imago
& inun ceruo folitario & uago
difelua infelua ratto mi traftormo
& ancor de mie can fuggo loftormo
C anzon i non fu mai quel nuuol d'oro
che poi difcefe in prettofa pioggia
fi chel foco di gioue inparte fpenfe
ma fui ben fiamma chun bel guardo accenfe
& fui luccel che piu per laere poggia
alzando lei che ne miei dectihonoro
ne per noua figura el primo alloro
feppi laffar che pur la fua dolce ombra
ogni men bel piacer del cor mifgombra

XCI.

SE lonorata fronde che prefcriue
lira del ciel quandol gran gioue tona
non mauefle difdecta la corona
che fuole ornar chi poetando fcriue
i era amico a quefte uoftre diue
lequa uilmente il fecolo abbandona
ma quella iniuria gia lungi mifprona
da linuentrice de le prime oliue
C he non bolle la poluer de thiopia
fottol piu ardente fol comio ffauillo
perdendo tanta amata cofa propia
cercate dunq; fonte piu tranquillo
chel mio dogni liquor foftene inopia
faluo di quel che lagrimando ftillo

CXI

AMor piangeua & io con lui taluolta
dal qual miei paſſi non fur mai lontani
mirando per glieffecti acerbi & ſtrani
lanima uoſtra de ſuoi nodi ſciolta
hor chal dritto camin la dio riuolta
col cor leuando al cielo ambe lemani
ringratio lui che giuſti preghi humani
benignamente ſua mercede aſcolta

Et ſe tornando a lamoroſa uita
per farui albel diſio uolger leſpalle
trouaſti per lauia foſſati o poggi
fu per moſtrar quanto e ſpinoſo calle
& quanto alpeſtra & dura la ſalita
onde aluero ualor conuen chuom poggi

CXII

PIu di me lieta non ſi uede a terra
naue da londe combattuta & uinta
quando la gente di pieta de pinta
fu per la riua a ringratiar ſatterra
ne lieto piu del carcer ſi diſerra
chi intorno al collo ebbe la corda auinta
di me ueggendo quella ſpada ſcinta
che fece al ſignor mio ſi lunga guerra

Et tutti uoi chamor laudate in rima
al buon teſtor de gliamoroſi decti
rendete honor chera ſmarrito in prima
che piu gloria e nel regno de gliclecti
dun ſpirito conuerſo & piu ſe ſtima
che dinouantanoue altri perfecti

XXIII

IL successor di carlo che la chioma
co la corona del suo antico adorna
prese a gia larme per fiachar le corna
a babilonia & chi da lei si noma
el uicario di christo con la soma
de le chiaui & del manto al nido torna
si che saltro accidente nol distorna
uedra bologna & poi la nobil roma
La mansueta uostra & gentile agna
abbatte i fieri lupi & cosi uada
chiunche amor legitimo scompagna
consolate lei dunque chancor bada
& roma che del suo sposo si lagna
& per iesu cingete omai la spada

Canz. LI.

O Aspectata in ciel beata & bella
anima che di nostra humanitade
uestita uai non come laltre carca
per che ti sian men dure omai le strade
a dio dilecta obediente ancella
onde al suo regno di quaggiu si uarca
ecco nouellamente a la tua barca
chal cieco mondo a gia uolte lespalle
pergir al miglior porto
dun uento occidental dolce conforto
lo qual per mezo questa obscura ualle
oue piangiamo el nostro & laltrui torto
la condurra de lacci antichi sciolta
per drictissimo calle
al uerace oriente ouella e uolta

Forse i deuoti & li amorosi preghi
& le lagrime sancte de mortali
son giunte innanzi a la pieta superna
& forse non fur mai tante ne tali
che per merito lor punto si pieghi
fuor de suo corso la giustitia eterna
ma quel benigno re chel ciel gouerna
al sacro loco oue fu posto in croce
gliocchi per gratia gira
onde nel pecto alnouo carlo spira
la uendecta cha noi tardata noce
si che moltanni europa ne sospira
cosi soccorre al la sua amata sposa
tal che sol de la uoce
fa tremar babillonia & star pensosa

Chiuunche alberga tra garona el monte
entral rodano el reno & londe salse
lensegne christianissime accompagna
& a chui mai di uero pregio calse
dal pi renco a lultimo orizonte
chon aragon lassera uota hi spagna
inghilterra con lisole che bagna
locceano intral charro & le colonne
in fin la doue sona
doctrina del santissimo elicona
uarie dil ingue & darme & de le gonne
a lalta impresa caritate sprona
de qual amor si licito o si degno
qua figli mai qual donne
furon materia a si giusto disdegno

Una parte del mondo e che si giace
ma sempre in ghiaccio & in gelate neui
tutta lontana dal cammin del sole
la sotto igiorni nubilosi & breui
nimica naturalmente dipace
nasce una gente a chui il morir non dole
questa se piu deuota che non sole
col tedesco furor la spada cingne
turchi arabi & caldei
con tutti quei che speran nelli dei
di qua dal mar che fa londe sanguigne
quanto sian da prezar conoscer dei
popolo ignudo pauentoso & lento
che ferro mai non stringne
ma tutti e colpi suoi commette al uento

Dunque ora el tempo da ritrare il collo
dal giogo antico & da squarciare il uelo
che stato auolto intorno a gliocchi nostri
& chel nobile ingegno che dal celo
per gratia tieni de limmortale appollo
& le loquentia sua uertu qui monstri
or con la lingua or cho laudati inchostri
per che dorpheo leggendo & danphione
se non ti merauigli
assai men fia chi italia co suoi figli
si desti al suon del tuo chiaro sermone
tanto che per iesu la lancia pigli
che sal uer mira questa antica madre
in nulla sua tencione
fur mai cagion si belle o si leggiadre

Tu chai per arricchir dun bel thesauro
uolte lantiche & le moderne carte
uolando al ciel colla terrena soma
sai da limperio del figliuol di marte
al grande augusto che diuerde lauro
tre uolte triomphando orno la chioma
ne laltrui ingiurie del suo sangue roma
spesse fiate quanto fu cortese
& hor per che non sia
cortese no ma conoscente & pia
auendicar le dispietate offese
col figliuol glorioso di maria
che dunque la nimica parte spera
nelhumane difese
se christo sta da lacontraria schiera
Pon mente al temerario ardir dierse
che fece per calcare i nostri liti
di noui ponti oltraggio a la marina
& uedrai ne la morte de mariti
tutte uestite a brun le donne perse
& tinto in rosso ilmar di salamina
& non pur questa misera ruina
del popolo infelice doriente
uictoria timpromette
ma maratona & le mortali strette
che difese ihlcon con poca gente
& altre mille chai ascoltate & lette
per che inchinare adio molto conuene
le ginocchia & la mente
che glianni tuoi riserua a tanto bene

Tu uedrai talia & lonorata riua
canzon cha liocchi miei cela & contende
non mar non poggio o fiume
ma folo amor che del fuo altero lume
piu minuaghifce doue piu mincende
ne natura puo ftar contral coftume
or moui non fmarrir laltre compagne
che non pur fotto bende
alberga amor per chui fi ride & piagne

Canz. iii.

VErdi panni fanguigni obfcuri o perfi
non uefti donna un quanco
ne dor capelli in bionda treccia attorfe
fi bella come quefta che mi fpoglia
darbitrio & dal cammin de libertade
feco mi tira fi chio non foftengo
alcun giogo men graue

Et fe pur farma talor a dolerfi
lanima achui uien manco
configlio ouel martir ladduce inforfe
rappella lei da la ffrenata uoglia
fubita uifta che del cor mi rade
ogni de lira imprefa & ogni fdegno
fal ueder lei foaue

Di quanto per amor giamai fofferfi
& aggio a foffrir anco
fin che mi fanil cor colei chel morfo
rubella di merce che pur lenuoglia
uendectà fia fol che contra humiltade
orgoglio & ira il bel paffo ondio uegno

  non chiuda & non min chiaue
Ma lora el giorno chio le luci aperſi
  nel bel nero & nel bianco
  che mi ſchacciar di la doue amor corſe
  nouella deſta uita che maddoglia
  furon radice & quella in chui letade
  noſtra ſi mira laqual piombo o legno
  uedendo e chi non paue
L agrima dunque che da gliocchi uerſi
  per quelle che nel manco
  lato mi bagna chi primier ſaccorſe
  quadrella dal uoler mio non mi ſuoglia
  chen giuſta parte la ſententia cade
  per lei ſoſpira lalma & ella e degno
  che le ſue piaghe laue
D a me ſon facti imiei penſier diuerſi
  tal gia qual io mi ſtanco
  lamata ſpada in ſe ſteſſa contorſe
  ne quella prego che pero mi ſcioglia
  che men ſon dritte al ciel tuttaltre ſtrade
  & non faſpira al glorioſo regno
  certo in piu ſalda naue
B enigne ſtelle che compagne ferſi
  al fortunato fianco
  quandol bel parto giu nel mondo ſcorſe
  che ſtella in terra & come in lauro foglia
  conſerua uerde il pregio doneſtate
  oue non ſpira folgore ne indegno
  uento mai che laggraue
S o io ben cha uoler chiuder in uerſi

suo laudi fora stanco
chi piu degna la mano a scriuer posse
qual cella e di memoria in chui saccoglia
quanta uede uertu quanta beltade
chi gliocchi mira dogni ualor segno
dolce del mio cor chiaue
Quanto il sol gira amor piu caro pegno
donna di uoi non aue

Sest. ii.

Giouane donna sotto un uerde lauro
uidi piu bianca & piu fredda che neue
non percossa dal sol molti & moltianni
el suo parlare el bel uiso & le chiome
mi piacquen si chi lo dinanzi agliocchi
& dauro sempre ouio sia in poggio on riua
Allor saranno i mie pensieri a riua
che foglia uerde non si troui in lauro
quando auro queto il core asciutti gliocchi
uedren ghiacciare il foco arder la neue
non o tanti capelli in queste chiome
quanti uorrei quel giorno attender anni
Ma per che uola il tempo & fuggon glianni
si cha la morte in nun punto sarriua
o colle brune o colle bianche chiome
seguiro lombra di quel dolce lauro
per lo piu ardente sole & per la neue
fin che lultimo di chiuda questocchi
Non fur giamai ueduti si begliocchi
o nella nostra etade o ne primanni
che mi struggon cosi comel sol neue

onde procede lagrimosa riua
ch'amor conduce a pie del duro lauro
cha i rami di diamante & d'or le chiome
I temo di cangiar pria uolto & chiome
che con uera pieta mi mostri gliocchi
lidolo mio scolpito in uiuo lauro
che s'al contar non erro oggi & settanni
che sospirando uo di riua in riua
la nocte el giorno al caldo e alaneue
D entro pur foco & for candida neue
sol con questi pensier con altre chiome
sempre piangendo andro per ogni riua
per far forse pieta uenir ne gliocchi
di tal che nascera dopo mill'anni
se tanto uiuer po ben colto lauro
L auro ei topatii al sol sopra la neue
uincon le bionde chiome presso a gliocchi
che menan glianni miei si tosto a riua

⨯ x l i i i i

Q Vesta anima gentil che si di parte
anzi tempo chiamata a laltra uita
se lassuso e quanto esser de gradita
terra del ciel la piu beata parte
sella riman fral terzo lume & marte
fia lauista del sole scolorita
po cheamirar sua bellezza infinita
lanime degne intorno a lei fien sparte
S e si posasse sotto al quarto nido
ciaschuna de le tre saria men bella
& essa sola auria la fama el grido

nel quinto giro non habitrebbe ella
ma se uola piu alto assai mi fido
che con gioue sia uinta ognialtra stella

XXV.

Quanto piu mauicino al giorno extremo
che lumana miseria suol far breue
piu ueggio il tempo andar ueloce & leue
el mio di lui sperar fallace & scemo
i dico a miei pensieri non molto andremo
da mor parlando omai chel duro & greue
terreno in carco come fresca neue
si ua struggendo onde noi pace auremo
Per che col lui cadra quella speranza
che ne fe uaneggiar si lungamente
el riso el pianto & la paura & lira
si uedren chiaro poi come souente
per le cose dubbiose altri sauanza
& come spesso in darno si sospira

XXVI.

Gia fiammeggiaua lamorosa stella
per loriente & laltra che giunone
suol far gelosa nel septentrione
rotaua iraggi suoi lucente & bella
leuata era afilar la uecchiarella
discinta & scalza & desto aucal carbone
& gliamanti pungea quella stagione
che per usanza a lagrimar gliappella
Quando mia speme gia condocta al uerdo
giunse nel cor non per lusata uia
chel sonno tenea chiusa el dolor molle

quanto cangiata oime da quel di pria
& parea dir per che tuo ualor perde
ueder queſtocchi ancor non ti ſi tolle

XXXII.

Apollo ſancor uiue il bel deſio
che tin fiammaua a le theſſaliche onde
& ſe non ai lamate chiome bionde
uolgendo glianni gia poſte in oblio
dal pigro gielo & dal tempo aſpro & rio
che dura quantol tuo uiſo ſa ſconde
difendi hor lonerata & ſacra fronde
oue tu prima & poi fu inueſcato io
Et per uertu de lamoroſa ſpeme
che ti ſoſtenne ne la uita acerba
di queſte impreſſioni laer diſgombra
ſi uedren poi per merauiglia inſeme
ſeder ladonna noſtra ſopra lerba
& far de le ſue braccia a ſe ſteſſa ombra

XXXIII.

Solo & penſoſo impiu diſerti campi
uo meſurando a paſſi tardi & lenti
& gliocchi porto per fuggire intenti
oue ueſtigio human la rena ſtampi
altro ſchermo non trouo che mi ſcampi
dal manifeſto accorger delle genti
per che neglia cti da legrezza ſpenti
di fuor ſi legge comio dentro auampi
Si chio micredo omai che monti & piagge
& fiumi & ſelue ſappian di che tempre
ſia la mia uita che celata altrui

'ma pur si aspre uie ne si seluagge
cercar non so chamor non uenga sempre
ragionando con meco & io conlui

xxviv.

S Io credessi per morte essere scarco
del pensero amoroso che materra
colle mie mani autei gia poste interra
queste membra noiose et quello incarco
ma per chio temo che sarebbe un uarco
di pianto in pianto et duna in altra guerra
di qua dal passo ancor che misiserra
mezo rimango lasso et mezol uarco
T empo ben fora omai dauere spinto
lultimo strale la dispietata corda
ne laltrui sangue gia bagnato e tinto
& io ne priego amore & quella sorda
che mi lasso de suoi color depinto
& di chiamarmi a se non le ricorda

Canz. iiii

S I e debile il filo a chui sattene
la grauosa mia uita
che saltri non laita
ella fia tosto di suo corso ariua
pero che dopo lempia di partita
che dal dolce mio bene
feci: sol una spene
e stato infino aqui cagion chiouiua
dicendo per che priua
sia dellamata uista
mantienti anima trista

che sai famiglior tempo ancor ritorni
& apiui lieti giorni
o sel perduto ben mai si racquista
questa speranza misostenne un tempo
or uien mancando & troppo in lei mattempo
Il tempo passa & lore son si prompte
a fornire iluiaggio
chassai spatio non aggio
pure apensar comio corro a lamorte
a pena spunta inoriento un raggio
di sol cha laltro monte
de laduerso orizonte
giunto il uedrai per uie lunghe & distorte
le uite son si corte
si graui icorpi & frali
de glibuomini mortali
che quando i miritrouo dal bel uiso
cotanto esser diuiso
col desio non possendo mouer lali
poco mauanza del conforto usato
ne so quantio miuiua in questo stato
Ogni loco mattrista quio non ueggio
que begliocchi soaui
che portaron le chiaui
de miei dolci pensier mentre a dio piacque
& per chel duro exilio piu maggraui
sio dormo o uado o seggio
altro giamai non chieggio
& cio chiuidi dopo lor mi spiacque
quante montagne & acque

  quanto mar quanti fiumi
  ascondon quei duo lumi
  che quasi un bel sereno amezol die
  fer letenebre mie
  accio chel rimembrar piui mi consumi
  & quanto era mia uita allor gioiosa
  minsegni lapresente aspra & noiosa
L asso se ragionando si rinfresca
  quel ardente desio
  che nacque ilgiorno chio
  lasciai di me lamiglior parte adietro
  & samor se neua per lungo oblio
  chi mi conduce a lesca
  ondel mio dolor cresca
  & perche pria tacendo non minpetro
  certo cristallo o uetro
  non monstro mai di fore
  nascosto altro colore
  che lalma sconsolata assai non mostri
  piu chiari ipensier nostri
  & la fera dolceza che nel core
  per gliocchi che di sempre pianger uaghi
  cerchan di & nocte pur chi glie napaghi
N ouo piacer che ne glihumani ingegni
  spesse uolte si troua
  damar qual cosa noua
  piu uolta'schiera di sospiri accoglia
  & io son un di quei chel pianger gioua
  & par ben chio mingegni
  che di lagrime pregni

fien gliocchi miei fi com el cor di doglia
& perche acio minuoglia
ragionar de be gliocchi
ne cofa e che mi tocchi
o fentir mi fi faccia cofi a dentro
corro fpeffo & rientro
cola donde piu largo il duol trabocchi
& fien col cor punite ambe le luci
cha la ftrada damor mi furon duci
L e trecce dor che dourien fare il fole
dinuidia molta ir pieno
el bel guardo fereno
oue i raggi damor fi caldi fono
che mi fanno anzi tempo uenir meno
& laccorte parole
rade nel mondo o fole
che mi fer gia di fe cortefe dono
mi fon tolte & perdono
piu lieue ognaltra offefa
che leffermi contefa
quella benigna angelica falute
chel mio cor a uertute
de ftar folea chon una uoglia accefa
tal chio non penfo udir cofa giamai
che mi conforti adaltro cha trar guai
E t per pianger ancor con piu dilecto
le man bianche fottili
& le braccia gentili
& gliacti fuoi foauemente alteri
ci dolci fdegni alteramente humili

el bel giouenil pecto
torre dalto intellecto
micelan questi luogi alpestri & feri
& non so sio misperi
uederla anzi chi mora
pero chadora adora
serge laspeme & poi non sa star ferma
ma ricadendo afferma
dimai non ueder lei chel ciel honora
oue alberga honestade & cortesia
& douio prego chel mio albergo sia

Canzon sal dolce loco
la donna nostra uedi
chredo ben che tu credi
chella ti porgera la bella mano
ondio son si lontano
non latocchar ma reuerente ai piedi
le di chio saro la tosto chi possa
o spirto ignudo o duom di carne e dossa

XXX.

ORso e non furo mai fiumi ne stagni
ne mare ouogni riuo si disgombra
ne dimuro o dipoggio o di ramo ombra
ne nebbia chel ciel copra elmondo bagni
ne altro impedimento ondio milagni
qualunche piu lumana uista ingombra
quanto dun uel cheduo begliocchi adombra
& par che dica or ti consuma & piagni

Et quel lor inchinar chogni mie gioia
spegne o per humiltate o per argoglio

cagion sara chennanzi tempo imoia
& duna bianca mano anco midoglio
che stata sempre accorta a farmi noia
& contra gliocchi miei se facta scoglio

XXXI

IO temo si debegliocchi lassalto
 nequali amore & la mia morte alberga
chi fuggo lor come fanciul la uerga
& gran tempo e chi presi el primier salto
da ora innanzi faticoso o dalto
loco non fia douel uoler non serga
per non scontrar chi miei sensi disperga
lasciando come suol me freddo smalto
Dunque sa ueder uoi tardo mi uolsi
per non rauicinarmi a chi mi strugge
fallir forse non fu di scusa indegno
piu dico chel tornare a quel chuom fugge
el cuor che di paura tanta sciolsi
fur de la fede mia non leggier pegno

XXXII

S'Amore o morte non da qualche stroppio
 a la tela nouella chora ordisco
& sio misuoluo dal tenace uisco
mentre che lun collaltro uero accoppio
i faro forse un mio lauor si doppio
tra lostil de moderni el sermon prisco
che pauentosamente a dirlo ardisco
infin a roma nudirai loscoppio
Mi pero che mimancha a fornir lopra
alquanto de le fila benedette

chauanzato aquel mio dilecto padre
per che tien uerso me le man si strette
contra tua usanza i prego che tu lopra
& uedrai riuscire cose leggiadre

XXXIII

Quando dal proprio sito si rimoue
larbor chamo gia phebo in corpo humano
sospira & suda a lopera uulcano
per rinfrescar laspre saette a gioue
il qual or tona or neuica & or pioue
senza honorar piu cesare che giano
la terra piage el sol cista lontano
che lasua cara amica uede altroue

Allor riprende ardir saturno & marte
crudeli stelle & orione armato
spezza a tristi nocchier gouerni & sarte
colo a neptunno & a giunon turbato
fa sentir & a noi come si parte
il bel uiso da gliangeli aspectato

XXXIIII

Ma poi chel dolce uiso humile & piano
piu non asconde suoi bellezze noue
le braccia a la fucina indarno moue
lantiquissimo fabro ciciliano
cha gioue tolte son larme di mano
temprate i mongibello a tutte proue
& sua sorella par che si ri noue
nel bel guardo da pollo amano amano

Dellito occidental simoue un fiato
che fa securo elnauigar senza arte

& desta ifior tra lerba inciascun prato
stelle noiose fuggon dogni parte
disperse dal bel uiso innamorato
per chui lagrime molte son gia sparte

XXV

IL figliuol di latona auea gia noue
uolte guardato dal balcon sourano
per quella chalcun tempo mosse inuano
isuoi sospiri & hor ghaltrui commoue
poi che cercando stanco non seppe oue
silbergasse da presso o dilontano
mostrossi anoi qualuom perdoglia insano
che molto amata cosa non ritroue
Et cosi tristo standosi in disparte
tornar non uide el uiso che laudato
sara sio uiuo in piu di mille carte
& pieta lui medesmo auea cangiato
si che begliocchi lagrimauan parte
pero lær ritenne il primo stato

XXVI

QVe chen thesaglia ebbe leman si pronte
a farla del ciuil sangue uermiglia
pianse morto il marito disua figlia
raffigurate le factezze conte
el pastor cha gola ruppe la fronte
pianse la ribellante sua famiglia
& sopral buon saul cangio le ciglia
ondassai puo dolersi elfiero monte
Ma uoi che mai pieta non discolora
& chauete glischermi sempre accorti

Prima

contra larco damor chen darno tira
mi uedete stratiare a mille morti
ne lagrima pero discese ancora
da be uostrocchi ma disdegno & ira

xxxvii

IL mio aduersario in chui ueder solete
gliocchi uostri chamore el ciel honora
cholle non sue bellezze uin namora
piu chen guisa mortal soaui & liete
per consiglio di lui donna mauete
scacciato del mio dolce albergo fora
misero exilio aduegna chio non fora
dabitar degno oue uoi sola siete
Ma sio uera con saldi chioui fisso
non deuea specchio farui per mio danno
a uoi stessa piacendo aspra & superba
certo se uirimembra di narcisso
questo & quel corso ad un termino uanno
ben che di si bel fior sia indegna lerba

xxxviii

LOro & le perle ei fior uermigli e bianchi
chel uerno deuria far languidi o secchi
son per me acerbi & uelenosi stecchi
chio prouo per lo pecto & per li fianchi
per o idi miei sien lagrimosi & manchi
che granduol rade uolte aduien chenucchi
ma piu nel colpo imicidiali specchi
chen uagheggiar uoi stessa auete stanchi
Questi puoser silentio al signor mio
che per me ui pregaua ondei si tacque

veggendo in uoi finir uostro desio
questi fur fabricati sopra lacque
dabysso & tinti nel etterno oblio
ondel principio dimia morte nacque

IO sentia dentro alcor gia uenir meno
glispirti che da uoi riceuon uita
& perche naturalmente saita
contro allamorte ogni animal terreno
largail desio chi tengor molto afreno
& missil per lauia quasi smarrita
pero che di & nocte indi minuita
& io contra sua uoglia altrondel meno
Et mi condusse uergognoso & tardo
a riueder gliocchi liggiadri ondio
per non esser lor graue assai miguardo
uiurommi un tempo omai chal uiuer mio
tanta uertute a sol un uostro sguardo
& poi morro sio non credo al desio

SE mai foco per foco non sispense
ne fiume fu giamai secche per pioggia
ma sempre lun per laltro simil poggia
& spesso lun contrario laltro accense
amor tu che i pensier nostri dispense
al qual unalma in duo corpi sapoggia
per che fai in lei con disusata foggia
men per molto uoler le uoglie intense
Forse si comel nil dalto caggendo
col gran suono iuicin dintorno asorda

Rima
el sole abbaglia chi ben fi sol guarda
cosil disio che seco non saccorda
ne loffrenato obiecto uien perdendo
& per troppo spronar la fuga e tarda

xLi
Per chio tabbia guardato di menzogna
al mio podere & honorato assai
ingrata lingua gia per o non mai
renduto honor ma facto ira & uergogna
che quando piu'l tuo aiuto mi bisogna
per dimandar merzede allor tistai
sempre piu fredda & se parole fai
sono imperfecte & quasi duom che sogna

Lagrime triste & uoi tutte lenotti
maccompagnate ouio uorrei star solo
poi fuggite di nanzi a lamia pace
& uoi si prompti a darmi angoscia & duolo
sospiri allor trahete lenti & rotti
sola lauista mia del cor non tace

Canz. V.
Nella stagion chel ciel rapido inchina
uerso occidente & chel di nostro uola
a gente che di la forse laspecta
ueggendosi in lontan paese sola
la stancha uecchierella pellegrina
raddoppia ipassi & piu & piu saffretta
& poi cosi soletta
al fin di sua giornata
talora e consolata
dalchun breue riposo ouella oblia
lanoia el mal della passata uia

ma lasso ogni dolor chel di madduce
cresce qualor sin uia
per partirsi da noi leterna luce
Comel sol uolge lenfiammate rote
per dar luogo al lanocte onde discende
da glialtissimi monti maggior lombra
lauaro zappador larme riprende
& con parole & con alpestre note
ogni grauezza del suo pecto sgombra
& poi lamensa ingombra
di pouere uiuande
simili a quelle ghiande
le qual fuggendo tuttol mondo honora
ma chi uuol si rallegri adora adora
chi pur non ebbi ancor non diro lieta
ma riposata unora
ne per uolger diciel ne dipianeta
Quando uedel pastor calare iraggi
del gran pianeta al nido ouegli alberga
embrunir le contrade doriente
drizasi inpiedi & co lusata uerga
lassando lerba & le fontane ei faggi
moue la schiera sua soauemente
poi lontan da lagente
o casetta o spelunca
diuerdi frondi ingiunca
iui senza pensier sadagia & dorme
hai crudo amor ma tu allor piu minforme
aseguir duna fera che mi strugge
la uoce & passi & lorme
& lei non stringi che sappiatta & fugge

E i nauiganti in qualche chiusa ualle
gettan le membra poi chel sol sasconde
sul duro legno & sotto a lispre gonne
ma io per che sattuffi in mezo londe
& lasci hispagna dietro a le sue spalle
& granata & marroccho & le colonne
& gli huomini & le donne
el mondo & gli animali
aquetino i lor mali
fine non pongo al mio obstinato affanno
& duolmi chogni giorno arroge al danno
chi son gia pur crescendo in questa uoglia
ben presso al decimo anno
ne possin douinar chi me ne scioglia
E t per che un poco nel parlar mi sfogo
ueggio la sera i buoi tornare sciolti
da le campagne & da solcati colli
i miei sospiri a me per che non tolti
quando che sia per che nol graue giogo
per che di & nocte gliocchi miei son molli
misero me che uolli
quando primier si fiso
gli tenni nel bel uiso
per iscolpirlo imaginando in parte
onde mai ne per forza ne per arte
mosso sara fin chi sia dato in preda
a chi tutto di parte
ne so ben anco che di lei mi creda
C anzon sel esser meco
dal mattino a la sera

ta facta dimia fchiera
tu non uorrai monstrarti inciafchun loco
& daltrui loda curerai si poco
chaſſai tiſia penſar di poggio in poggio
come ma conciol foco
di questa uiua petra ouio mappoggio

POco era ad appreſſarſi agliocchi miei
  la luce che da lunge glia barbaglia
che come uide lei cangiar theſaglia
coſi cangiato ogni mia forma aurei
& ſio non poſſo transformarmi in lei
piu chi miſia non chamerce miuaglia
di qual petra piu rigida ſintaglia
penſoſo nela uiſta oggi ſarei
O didiamante o dun bel marmo bianco
per lapaura forſe o dun diaſpro
pregiato poi dal uulgo auaro & ſciocho
& ſarei fuor del graue giogo & aſpro
per chui io inuidia di quel uccchio ſtanco
che fa co leſue ſpalle ombra a marrocco

NOn alſuo amante piu diana placque
  quando per tal uentura tutta ignuda
la uide inmezo delle gelide acque
Chame lapaſtorella al peſtra & cruda
poſta abagnar e un leggiadretto uelo
cha laura iluago & biondo capel chiuda
Tal che mi fece hor quando e gliardel cielo
tutto tremar dun amoroſo gielo

SPirto gentil che quelle membra reggi
dentro a lequa peregrinando alberga
un signor ualoroso accorto & saggio
poi che se giunto a lonorata uerga
co laqual roma e suoi erranti correggi
& la richiami al suo antico uiaggio
io parlo a te pero chal troue un raggio
non ueggio di uertu chal mondo e spenta
ne trouo chi di mal far si uergogni
che saspecti non so ne che sagogni
italia che suoi guai non par che senta
uecchia otiosa & lenta
dormira sempre & non fia chi la suegli
le man lauessio auolte entro capegli

Non spero che gia mai dal pigro sonno
moua la testa per chiamar chuom faccia
si grauemente e oppressa & dital soma
ma non senza destino a le tue braccia
e che squoter forte & solleuarla ponno
e hor commesso il nostro capo roma
pon man in quella uenerabil chioma
securamente & nelle trecce sparte
si che la nighittosa escha del fango
i che di & nocte del suo stratio piango
di mia speranza o inte lamaggior parte
che sel popol di marte
deuesse al proprio honore alzar mai gliocch
parmi pur chatuoi di la gratia tocchi

L antiche mura chancor teme & ama
& tremal mondo quando si rimembra

del tempo andato indietro si riuolue
ei sassi doue fur chiuse le membra
dita che non saranno senza fama
se luniuerso pria non si dissolue
& tutto quel chuna ruina inuolue
per te spera saldar ogni suo uitio
o grandi scipioni o fedel bruto
quanto uaggrada segli e ancor uenuto
romor laggiu del ben locato offitio
come cre che fabritio
si faccia lieto udendo la nouella
& dice roma mia sara ancor bella
Et se cosa di qua nel ciel si cura
lanime che lassu son cittadine
& anno icorpi abbandonati in terra
del lungo odio ciuil tipriegan fine
per chui la gente ben non sassecura
ondel camin alor tecti si serra
che fur gia si deuoti & hora inguerra
quasi spelunca di ladron son facti
tal chabuon solamente uscio si chiude
& tra glialtari & tra le statue ignude
ogni impresa crudel par che si tracti
de quanto diuersi acti
non senza squille sicomincia assalto
che per dio ringratiar fur poste inalto
Le donne lagrimose el uulgo inerme
de latenera etade eiuecchi stanchi
channo se in odio & la souerchia uita
& i neri fraticelli ei bigi & bianchi

col laltre schiere trauagliate inferme
gridan o signor nostro aita aita
& lapouera gente sbigottita
tiscopre lesue piaghe amille amille
channibale non chaltri farian pio
& se ben guardi a lamagion di dio
charde oggi tutta assai poche fauille
spegnendo fien tranquille
leuoglie che si monstran sinfiammate
onde fien lopre tue nel ciel laudate

O rsi lupi leoni aquile & serpi
aduna gran marmorea colonna
fanno noia souente & a se danno
di costor piange quella gentil donna
che ta chiamato accio che di lei sterpi
le male piante che fiorir non sanno
passato e gia piu chel millesimo anno
chen lei mancar quellanime leggiadre
che locata lauean la douellera
ai nuoua gente oltra misura altera
in reuerente a tanta & a tal madre
tu marito tu padre
ogni soccorso dituo man sattende
chel maggior padre adaltropera intende

R ade uolte ad uien cha lalte imprese
fortuna ingiuriosa non contrasti
chaglianimosi facti mal saccorda
ora sgombrandol passo onde tu entrasti
fammisi perdonar molte altre offese
chal men qui da se stessa si discorda

pero che quantol mondo si ricorda
ad huom mortal non fu aperta lauia
per farsi come a te di fama eterno
che puoi drizar si non falso discerno
in stato la piu nobil monarchia
quanta gloria tifia
dir ghaltri laitar giouene & forte
questi inuecchiezza la scampo da morte

Sopral monte tarpeio canzon uedrai
un caualier chitalia tutta honora
pensoso piu daltrui che di se stesso
digli un che non ti uide ancor da presso
se non come per fama huom sinnamora
dice che roma ognora
choglioechi di dolor bagnati & molli
ti chier merze datutti sette icolli

PEr chal uiso damor portaua insegna
mosse una pellegrina il mio cor uano
chognaltra mi parea donor men degna
Et lei seguendo su per lerbe uerdi
udi dir alta uoce dilontano
ai quanti passi per laselua perdi
Allor mistrinsi a lombra dun bel faggio
tutto pensoso & rimirando intorno
uidi assai periglioso ilmio uiaggio
& tornai indietro quasi amezzo giorno

QVel foco chio pensai che fosse spento
dal freddo tempo & dal leta men fresca

fiamma & martir ne lanima rinfresca
Non fur mai tutte spente a quel chi ueggio
ma ricoperte alquanto le fauille
& temo nol secondo error sia peggio
per lagrime chi spargo a mille a mille
conuen chel duol per gliocchi si distille
dal cor cha seco le fauille & lesca
non pur qual fu ma pare a me che cresca
Qual foco non aurian gia spento & morto
londe che gliocchi tristi uersan sempre
amore auegna mi sia tardi accorto
uuol che tra duo contrarii mi distempre
& tende lacci in si diuerse tempre
che quando piu speranza chel cor nesca
allor piu nel bel uiso mirinuesca

SE col cieco desir chel cor distrugge
contando lore non minganno io stesso
hora mentre chio parlo il tempo fugge
cha me fu inseme & a merce promesso
qual ombra e si crudele chel seme adugge
chal disiato fructo era si presso
& dentro dal mio ouil qual fera rugge
tra la spiga & la man qual muro e messo
Lasso non so ma si conoscho io bene
che per far piu dogliosa la mia uita
amor maddusse in si gioiosa spene
& hor di quel chio lecto mi souene
che nanzi al di de lultima partita
huom beato chiamar non si conuene

Mie uenture aluenir son tarde & pigre
la speme incerta el desir monta & cresce
onde el lassare & laspectar mincresce
& poi alpartir son piu leui che tigre
lasso leneui fien tepide & nigre
el mar senzonda & per lalpe ogni pesce
& corcherassi ilsol la oltre onde esce
dun medesimo fonte eufrate & tigre
Prima chi truoui incio pace ne triegua
o amore o madonna altro uso impari
che manno congiurato atorto in contra
& sio alchun dolce e dopo tanti amari
che per disdegno il gusto si dilegua
altro mai dilor gratie non mincontra

LAguancia che fu gia piangendo stanca
riposate su lun signor mio caro
& siate ormai di uoi stesso piu auaro
a quel crudel che suoi seguaci inbiancha
chon laltro richudete da man mancha
lastrada a messi suoi chindi passaro
monstrandoui un da gosto & di gennaro
per challa lunga uia tempo nemanca
Et colterzo beuete un suco derba
che purge ogni pensier chel cor afflige
dolce a lafine & nel principio acerba
me riponete ouel piacer si serba
tal chi non tema del nocchier di stige
se lapreghiera mia non e superba

Er che mi trasse adamar prima
 altrui colpa mitoglia
del mio fermo uoler gia non mi suoglia
T rale chiome de lor nascose illaccio
 al qual mistrinse amore
& da begliocchi mosse il freddo ghiaccio
che mi passo nel core
chon la uertu dun subito splendore
che dognaltra sua uoglia
sol rimembrando ancor lanima spoglia
T olta me poi dique biondi capelli
 lasso la dolce uista
el uolger deduo lumi honesti & belli
col suo fuggir mattrista
ma per che ben morendo honor sa quista
per morte ne per doglia
non uo che datal nodo amor miscioglia

L Arbor gentil che forte amai moltanni
 mentre ibei rami non mebber asdegno
fiorir faceua ilmio debile ingegno
alla sua ombra & crescer negli affanni
per che securo me di tali inganni
fece di dolce se spietato legno
i riuolsi ipensier tutti adun segno
che parlan sempre de lor tristi danni
C he porra dir chi per amor sospira
 saltra speranza lemie rime noue
gliauessir data & per costei laperde
ne poeta ne colga mai ne gioue

la priuilegi & al sol uenga in ira
tal che si secchi ogni sua foglia uerde

Benedecto sia'l giorno el mese & l'anno
& la stagione el tempo & l'ora el punto
el bel paese el loco ou'io fui giunto
da duo begliocchi che legato m'anno
& benedecto il primo dolce affanno
ch'i ebbi ad esser chon amor congiunto
& l'arco & le saette ond'i fui punto
& le piaghe ch'en fino al cor mi uanno
Benedecte le uoci tante ch'io
chiamando il nome de mia donna o sparte
ei sospiri & le lagrime el desio
& benedecte sian tutte le carte
ou'io fama l'aquisto èl pensier mio
che sol di lei si ch'altra non ua parte

PAdre del ciel dopo i perduti giorni
dopo le nocti uaneggiando spese
chon quel fero desio ch'al cor saccese
mirando gli acti per mio mal si adorni
piacciati omai col tuo lume ch'io torni
ad altra uita & a piu belle imprese
si ch'auendo le reti indarno tese
il mio duro aduersario se ne scorni
Or uolge signor mio l'undecimo anno
ch'i fui sommesso al dispietato giogo
che sopra i piu subgetti e piu feroce
miserere del mio non degno affanno

riduci ipenſier uaghi a miglior luogo
tam enta lor come oggi foſti in croce.

Volgendo gliocchi al mio nouo colore
   che fa di morte rimembrar lagente
pieta uimoſſe onde benignamente
ſalutando teneſti inuita ilcore
La fragile uita chancor meco alberga
fu debegliocchi uoſtri aperto dono
& de la uoce angelica e ſoaue
da lor conoſco leſſer ouio ſono
che chome ſuol pigro animal per uerga
coſi deſtaro in me lanima graue
del mio cor donna luna & laltra chiaue
auete in mano & dicio ſon contento
preſto di nauicare aciaſchun uento
chogni coſa da uoi me dolce honore.

SE uoi poteſte per turbati ſegni
   per chinar gliocchi o per piegar lateſta
o per eſſer piu daltra alfuggir preſta
torcendol uiſo a prieghi honeſti e degni
uſcir giamai o uer per altri ingegni
del pecto oue dal primo lauro inneſta
amor piu rami idirei ben che queſta
foſſe giuſta cagione auoſtri ſdegni
Che gentil pianta in arido terreno
par che ſi diſconuenga & pero lieta
naturalmente quindi ſi diparte
ma poi uoſtro deſtino auoi pur uieta

lessere altroue prouedete almeno
di non star sempre inodiosa parte

Lasso che mal accorto fui da prima
nel giorno che ferir mi uenne amore
cha passo apasso e poi facto signore
del la mia uita & posto in sulla cima
io non credea per forza di sua lima
che punto di fermeza o di ualore
mancasse mai ne lindurato core
ma cosi ua chi sopral uer si stima
Da ora innanzi ogni difesa e tarda
altra che di prouar sassai o poco
questi prieghi mortali amore sguarda
non prego gia ne puote auer piu loco
che misuratamente ilmio cor arda
ma che sua parte abbia costei del foco

Laere grauato & limportuna nebbia
compressa intorno da rabbiosi uenti
tosto chonuen che si conuerta in pioggia
& gia son quasi di cristallo e fiumi
en uece del erbetta per le ualli
non seuede altro che pruine & ghiaccio
Et io nel cor uia piu freddo che ghiaccio
o di graui pensier tal una nebbia
qual si leua talor di queste ualli
serrate incontra a gliamorosi uenti
& circundate di stagnanti fiumi
quando cade dal ciel piu lenta pioggia

I n picciol tempo passa ogni gran pioggia
el caldo fa sparir le neui el ghiaccio
di che uanno superbi inuista ifiumi
ne mai nascose il ciel si folta nebbia
che sopragiunta dal furor diuenti
non fuggisse dapoggi & dalle ualli
Ma lasso ame non ual fiorir de ualli
anzi piango al sereno & alla pioggia
& a gelati & a soaui uenti
challor fia undi madonna senzal ghiaccio
dentro & di for senza lusata nebbia
chi uedro secho il mare e laghi e fiumi
Mentre chal mar discenderanno ifiumi
& lesiere ameranno ombrose ualli
fie dinanzi abegliocchi quella nebbia
che fa nascer di miei continua pioggia
& nel bel pecto lindurato ghiaccio
che tra del mio si dolorosi uenti
B en debbo io per donare atutti uenti
per amor dun chen mezo di duo fiumi
mi chiuse tral bel uerde el dolce ghiaccio
tal chi di pinsi poi per mille ualli
lombra ouio fui che ne calor ne pioggia
ne suon curaua di spezaua nebbia
Ma non fuggio giamai nebbia per uenti
come quel di ne mai fiumi per pioggia
ne ghiaccio quandol sole apre leualli

D El mar tyreno a la sinistra riua
doue rotte dal uento piangon londe

subito uidi quella altera fronde
di chui conuen chen tante carte scriua
amor che dentro a lanima bolliua
per rimembranza delle trecce bionde
mi spinse onde in un rio che lerba asconde
caddi non gia come persona uiua
Solo ouio era tra boschetti e colli
uergogna ebbi di me chal cor gentile
basta ben tanto & altro spron non uolli
piacemi almen dauer cangiato stile
da gliocchi a pie se dellor esser molli
glialtri asciugasse un piu cortese aprile

LAspecto sacro della terra uostra
mi fa del mal passato tragger guai
gridando sta su misero che fai
& la uia de salir alciel mimonstra
ma con questo pensier un altro giostra
& dice ame perche fuggendo uai
se ti rimembra il tempo passa omai
di tornar aueder ladonna nostra
I chel suo ragionar intendo allora
maghiaccio dentro inguisa duom chascolta
nouella che di subito laccora
poi torna ilprimo & questo da lauolta
qual uincera non so manfino adora
chombattuto anno & non pur una uolta

BEn sapeua io che natural consiglio
amor contra di te giamai non ualse

tanti lacciuol tante impromesse false
tanto prouato auea tuo fiero artiglio
ma nouamente ondio mi merauiglio
dirol come persona achui necalse
& chel notai la sopra a lacque salse
tra la riua toscana & lelba el giglio
I fuggia le tue mani & per cammino
agitandomi uenti el ciel & londe
mandaua sconosciuto & pellegrino
quando ecco ituoi ministri inon so donde
per darmi adiueder chal suo destino
mal chi contrasta & mal chi sinasconde

LAsso o me chi non so inqual parte pieghi
la speme che tradita omai piu uolte
che se non e chi con pieta mascolte
per che sparger al ciel si spessi prieghi
ma e segli auen chancor nommi si nieghi
finir anzil mio fine
queste uoci meschine
non graui almio signor perchio il riprieghi
di dir libero un di tra lerba eifiori
drez & rayson es quieu ciant emdemori
R agion e ben chalcuna uolta io canti
pero cho sospirato si gran tempo
che mai non incomincio assai per tempo
per adequar col riso idolor tanti
& sio potessi far cha gliocchi santi
porgesse alchun dilecto
qual che dolce mio decto

ome beato sopra glialtri amanti
　　ma piu quandio diro senza mentire
　　donna mi prega per chio uoglio dire
V aghi pensier che cosi passo passo
　　scorto mauete a ragionar tantalto
　　uedete che madonna al cor dismalto
　　si forte chio per me dentro nol passo
　　ella non degna di mirar si basso
　　che di nostre parole
　　curi chel ciel non uole
　　al qual pur conttastando ison gia lasso
　　onde come nel cor minduro enaspro
　　cosi nel mio parlar uoglio esser aspro
C he parlo o doue sono & chi minganna
　　altri chio stesso eldisiar souerchio
　　gia si trascorro ilciel di cerchio in cerchio
　　nessun pianeta apianger mi condanna
　　se mortal uelo il mio ueder appanna
　　che colpa e delle stelle
　　o delle cose belle
　　meco si sta chi di & nocte maffanna
　　poi che del suo piacer mi fe gir graue
　　la dolce uista el bel guardo soaue
T utte le cose di chel mondo e adorno
　　uscir buone de man del mastro eterno
　　ma me che cosi adentro non discerno
　　abbaglia elbel che mi si mostra intorno
　　& saluero splendor giamai ritorno
　　locchio non po star fermo
　　cosi la facto infermo

pur lasua propria colpa & non quel giorno
chi uolsi in uer langelica beltade
nel dolce tempo della prima etade

PEr che lauita e breue
& lingegno pauenta a lalta impresa
ne dilui ne dilei molto mi fido
ma spero che sia intesa
la douio bramo & la doue esser deue
la doglia mia laqual tacendo igrido
occhi leggiadri doue amor fa nido
auoi riuolgo il mio debile stile
pigro da se mal gran piacer lo sprona
& chi di uoi ragiona
tien dal suggetto un habito gentile
che con lale amorose
leuando il parte dogni pensier uile
chon queste alzato uengo adire hor cose
cho portate nel cor gran tempo ascose

Non perchio non maueggia
quanto mia laude en giuriosa auoi
ma contrastar non posso al gran desio
loquale en me dapoi
chi uidi quel che pensier non pareggia
non che la uagli altrui parlar omio
principio del mio dolce stato rio
altri che uoi so ben che non mintende
quando agliardenti rai neue diuegno
uostro gentile sdegno
forse challor mia indegnitate offende

o se questa temenza
non tempraſſe larſura che mincende
beato uenir meno chen lor preſenza
me piu car il morir chel uiuer ſenza
Dunque chi non miſſaccia
ſi frale oggetto aſi poſſente foco
non e proprio ualor che mene ſcampi
ma la paura un poco
chel ſangue uago per le uene aghiaccia
riſaldal cor per che piu tempo auampi
o poggi o ualli o fiumi o ſelue o campi
o teſtimon della mia graue uita
quante uolte mudiſte chiamar morte
ai doloroſa ſorte
loſtar mi ſtrugge el fuggir non maita
ma ſe maggior paura
non maffrenaſſe uia corta & ſpedita
trarrebbe afin queſta aſpra pena & dura
& lacolpa e dital che non a cura
Dolor per che mimeni
fuor di cammin adir quel chi non uoglio
ſoſtien chio uada ouel piacer miſpingne
gia di uoi non mi doglio
occhi ſopral mortal corſo ſereni
ne di lui cha tal nodo mi diſtringne
uedete ben quanti color dipingne
amor ſouente in mezo del mio uolto
& potrete penſar qual dentro fammi
la ue di & nocte ſtammi
adoſſo col poter cha in uoi raccolto

luci beate & liete
se non chel ueder uoi stesse ue tolto
ma quante uolte a me ui riuolgete
conoscete in altrui quel che uoi siete
S a uoi fosse si nota
la diuina incredibile bellezza
di chio ragiono come a chi la mira
misurata allegrezza
non auria! cor pero forse e remota
dal uigor natural che uapre & gira
felice lalma che per uoi sospira
lumi del ciel per liquali io ringratio
la uita che per altro non me agrado.
oi me per che si rado
midate quel dondio mai non son satio
per che non piu souente
mirate qual amor di me fa stratio
& per che mi spogliate immantanente
delben chadora ador lanima sente
D ico chadora adora
uostra mercede i sento immezo lalma
una dolcezza inusitata & noua
laquale ognialtra salma
di noiosi pensier disgombra allora
si che di mille un sol uisiritroua
quel tanto a me non piu del uiuer gioua
& se questo mio ben durasse alquanto
nullo stato aguagliarsi almio potrebbe
ma forse altrui farebbe
inuido & me superbo dhonor tanto

po lasso conuiensi
che lextremo delriso assaglia ilpianto
en terrumpendo quegli spirti accensi
a me ritorni et dime stesso pensi
L amoroso pensero
chalberga dentro in uoi mi si discopre
tal che mitrabe del cor ognialtra gioia
onde parole et opre
escon di me si facte allor chi spero
farmi immortal per che lacarne moia
fugge aluostro apparire angoscia & noia
et nel uostro partire tornano inseme
ma per che la memoria innamorata
chiude lor poi lentrata
dila non uanno da le parti extreme
onde salcun bel fructo
nasce di me da uoi uien prima il seme
io per me son quasi un terreno asciutto
colto da uoi el pregio e uostro intutto
C anzon tu nomiaqueti anzi minfiammi
adir diquel cha me stesso minuola
pero si a certa de non esser sola

GEntil mia donna iueggio
nel mouer de uostri occhi un dolce lume
che mi mostra lauia chal ciel conduce
et per lungo costume
dentro la doue sol con amor seggio
quasi uisibil mente el cor traluce
queste la uista cha ben far minduce

et che miscorge alglorioso fine
questa sola dal uulgo ma lontana
ne giamai lingua humana
contar poria quel che le due diuine
luci sentir mi fanno
et quandol uerno sparge lepruine
et quando poi ringiouinisce lanno
qual era altempo del mio primo affanno

I o penso se lassuso
ondel motor eterno delle stelle
degno mostrar del suo lauoro interra
son laltre opre si belle
aprasi laprigione ouio son chiuso
et chel camino a tal uita miserra
poi miriuolgo a lamia usata guerra
ringratiando natura el di chio nacqui
che riseruato mano a tanto bene
et lei cha tanta spene
alzoilmio cor chen fin allor io giacqui
ame noioso & graue
da quel di innanzi ame medesmo piacqui
empiendo dunpensier alto & soaue
quel core ondanno ibegliocchi lachiaue

N e mai stato gioioso
amor o lauolubile fortuna
dieder achi piu fur nel mondo amici
chi nol cangiassi aduna
riuolta docchi ondogni mio riposo
uien come ogni arbor uien dasue radici
uaghe fauille angeliche beatrici

della mia uita ouelpiacer faccende
che dolcemente miconfuma & ftruggo
come fparifce & fugge
ognialtro lume douel uoftro fplende
cofi de lomio core
quando tanta dolceza in lui difcende
ognaltra cofa ogni penfier ua fore
et folo iui conuoi rimanfi amore
Quanta dolcezza unquanco
fu incor dauenturofi amanti accolta
tutta inun loco aquel chi fento e nulla
quando uoi alchuna uolta
foauemente tral bel nero el bianco
uolgete illumi inchui amor fi traftulla
et credo dale fafce et dalla culla
almio imperfecto ala fortuna auerfa
quefto rimedio prouedeffe il cielo
torto mi face iluelo
et laman che fi fpeffo fattrauerfa
fral mio fommo dilecto
et gliocchi onde di et nocte fi riuerfa
ilgran defio periffogar ilpecto
che forma tiene daluariato afpecto
er chio ueggio et mifpiace
che natural mia dote ame non uale
ne mifa degno dun ficaro fguardo
fforzomi deffer tale
qual al alta fperaza ficonface
et al foco gentil ondio tutto ardo
fal ben ueloce et alcontrario tardo

dispregiatore diquantol mondo brama
per sollicito studio posso farme
porrebbe forse aitarme
nelbenigno giuditio una tal fama
cerco elfin demici pianti
che non altronde il cor doglioso chiama
uien da begliocchi alfin dolce ttemanti
ultima speme dicortesi amanti

C anzon luna sorella e poco innanzi
et laltta sento inquel medesmo albergo
apparecchiarsi ondio piu carta uergo

P Oi che per mio destino
adir misforza quella accesa uoglia
che ma sforzato asospirar mai sempre
amor chaccio minuoglia
sia lamia scorta ensegnimil cammino
et col disio lemie rime contempre
ma non inguisa che locor si stempre
di souerchia dolcezza comio temo
per quel chio sento ouocchio altrui nó giúgne
chel dir minfiamma et pungne
ne per mio ingegno ondio pauento e tremo
si come talor sole
trouol gran foco della mente scemo
anzi mistruggo al suon delle parole
pur comio fussi un huom digliaccio alsole

N el cominciar credea
trouar parlando almio ardente desire
qualche breue riposo et qualche triegua

questa speranza ardire
miporse aragionar quel chi sentia
hor mabbandona altempo et si dilegua
ma pur conuien che lalta impresa segua
continuando lamorose note
si possente eluolere che mitrasporta
et laragione e morta
che teneal freno et contrastar nol pote
mostrimi almen chio dica
amor inguisa che semai perquote
gliorecchi della dulce mia nimica
non mia ma dipieta lafaccia amica
Dico senquella etate
chaluero honor fur glianimi siaccesi
lindustria dalquanti huomini sauolse
per diuersi paesi
poggi et onde passando et lonorate
cose cercando el piu bel fior necolse
poi che dio et natura & amor uolse
locar compiutamente ogni uertute
inque be lumi ondio gioioso uiuo
questo et quellaltro fiso
non conuien chi papassi et terra mute
allor sempre ricorro
come afontana dogni mia salute
et quando amorte disiando corro
sol dilor uista almio stato soccorro
Come a forza diuenti
stanco nocchier di nocte alza latesta
aduo lumi cha sempre il nostro polo

cosi nela tempesta
chi sostegno damor gliocchi lucenti
sono il mio segno el mio conforto solo
lasso ma troppo e piu quel chio nemuolo
hor quinci hor quindi come amor miforma
che quel che uen da gratioso dono
et quel poco chio sono
mi fa di loro una perpetua norma
poi chio gliuidi inprima
senza lor abenfar non mossi unorma
cosi glio di me posti in sulla cima
chel mio ualor perse falso sestima

I o non porria giamai
imaginar non che narrar gliessecti
che nel mio cor gliocchi soaui fanno
tutti glialtri dilecti
di questa uita o perminori assai
et tutte altre bellezze indietro uanno
pace tranquilla senza alcuno affanno
simile aquella che nelciel eterna
moue dallor innamorato riso
cosi uedessio fiso
come amor dolcemente gligouerna
sol ungiorno dapresso
senza uolger giamai rota superna
ne pensassi daltrui ne dime stesso
elbatter gliocchi miei non fosse spesso

L asso che disiando
uo quel chesser non puote inalcum modo
et uiuo del desir fuor disperanza

solamente quel nodo
chamor cercunda a lamia lingua quando
lumana uista iltroppo lume auanza
fosse disciolto io prenderei baldanza
didir parole inquel punto si noue
che farian lagrimar chi lentendesse
ma le ferite impresse
uolgon perforza il cor piagato altroue
ondio diuento smorto
el sangue si nasconde io non so doue
ne rimango qual era et sommi accorto
che questo e el colpo di che amor ma morto
Canzone i sento gia stancar la penna
del lungo et dolce ragionar con lei
ma non diparlar meco i pensier mei

I son gia stanco dipensar si come
   i mie pensier in uoi stanchi non sono
et come uita ancor non abbandono
per fuggir desofpir si graui some
et come adir deluiso et delle chiome
et de begliocchi ondio sempre ragiono
non e mancata omai lalingua el sono
di et nocte chiamando il uostro nome
Et che pie miei non son fiacchati & lassi
aseguir lorme uostre inogni parte
perdendo inutilmente tanti passi
et onde uien linchiostro onde lecarte
chio uo empiendo di uoi sen cio fallassi
colpa damor non gia defecto darte

Be gliocchi ondi fui percosso inguisa
che medesmi porian saldar lapiaga
et non gia uertu derbe o darte maga
o dipietra dalmar nostro diuisa
manno lauia si daltro amor precisa
chun sol dolce pensier lanima appaga
et se lalingua diseguirlo e uaga
lascorta puo non ella esser derisa
Questi son que begliocchi che limprese
delmio signor uictoriose fanno
in ogni parte et piu soural mio fianco
questi son que begliocchi che mistanno
sempre nel cor colle fauille accese.
perchi dilor parlando non mistanco

AMor chonsue promesse lusingando
miricondusse alla prigione antica
et die lechiaui aquella mia nimica
chancor me dime stesso tiene inbando
non menauidi lasso se non quando
fui inlor forza et hor chon gran faticha
chil crederra per che giurando il dica
in liberta ritorno sospirando
Et come uero prigionier afflitto
delle catene mie granparte porto
el cor negliocchi et nella fronte oscritto
quando sarai del mio colore accorto
dirai si guardo et giudico ben dritto
questi auea poco andare adesser morto

PEr mirar policleto a proua fiso
chon ghaltri chebber fama di quellarte
millanni non uedrian la minor parte
della bilta che maue ilcor conquiso
ma certo ilmio simon fu imparadiso
onde questa gentil donna siparte
iui la uide et laritrasse incarte
per far fede qua giu del suo bel uiso
L opra fu ben di quelle che nelcielo
si ponno imaginar non qui tra noi
oue lemembra fanno allalma uelo
cortesia fe ne lapotea far poi
che fu disceso aprouar caldo et gielo
et del mortal sentiron gliocchi suoi

QVando giunse asimon lalto concetto
chamio nome glipose in man lostile
sauesse dato allopera gentile
chon lafigura uoce et in tellecto
di sospir molti misgombraua il pecto
che cio chaltri a piu caro ame fan uile
pero chen uista ella simostra humile
promettendomi pace nelaspecto
Ma poi chio uengo aragionar chonlei
benignamente assai par che mascolte
se risponder sauesse adetti miei
pigmalion quanto lodar tidei
della imagine tua se mille uolte
nauesti quel bi sol una uorrei

SAl principio risponde il fine el mezzo
del quartodecimo anno chio sospiro
piu non mi puo scampar laura nel rezzo
li crescer sentol mio ardente disiro
amor chon chui ipensier mai non amezzo
sottol chui giogo giamai non respiro
tal mi gouerna chio non son gia mezzo
per gliocchi chalmio mal si spesso giro
Cosi mancando uo digiorno in giorno
si chiusamente chio sol menaccorgo
et quella che guardando ilcor mistrugge
apena infino aqui lanima scorgo
neso quanto fie meco ilsuo soggiorno
che lamorte sapressa el uiuer fugge

IO Son si stanco sottol fascio antico
delle mie colpe et dellusanza ria
chi temo forte di mancar tra uia
et dicadere in man del mio nimico
ben uenne adilibrarmi ungrande amico
per somma et ineffabil cortesia
poi uolo fuor della ueduta mia
si chamirarlo indarno maffatico
Ma lasuo uoce anchor quagiu rimbomba
ouoi che trauagliate eccol cammino
uenite ame sel passo altri nol serra
qual gratia quale amore o qual destino
midara penne inguisa di columba
chi mi riposi et leuimi da terra

IO non fui damar uoi laſſato unquanço
madonna ne faro mentre chiuiua
ma dodiar me medeſmo giunto ariua
et del continuo lagrimar ſo ſtanco
et uoglio anzi un ſepulcro bello & bianco
chel uoſtro nome amio dáno ſi ſcriua
in alcun marmo oue diſpirto priua
ſia la mia carne che puo ſtar ſeco anco
Pero ſun cor pien damoroſa fede
puo contentarui ſenza farne ſtratio
piacciaui omai diqueſto auer mercede
ſe inaltro modo cerca deſſer ſatio
uoſtro ſdegno erra et non fia quel che crede
di che amor et me ſteſſo aſſai ringratio

CHi e fermato di menar ſua uita
ſu per londe fallaci et pergli ſcogli
ſceuro da morte chonum picciol legno
non puo molto lontan eſſer dal fine
pero ſarebbe da ritrarſi in porto
mentre al gouerno ancor crede lauela
Laura ſoaue a chui gouerno & uela
cómiſſi entrando alamoroſa uita
et ſperando uenire amiglior porto
poi miconduſſe impiu dimille ſcogli
et lecagion del mio dubbioſo fine
non pur dintorno auea madentro alegno
Chiuſo grantempo in queſto cieco legno
errai ſenza leuar occhio alauela

  chanzil mio di mitrasportaua alfine
  poi piacque allui chemi produsse in uita
  chi amarmi tanto indietro dagli scogli
  chalmen da lunge mapparissel porto
C ome lume dinocte inalchun porto
  uide mai dalto mar naue ne legno
  se non gliel tolse otempestate oscogli
  cosi disu dala gonfiata uela
  uidio lensegne di quellaltra uita
  et allor sospirai uersol mio fine
N on per chio sia sicuro ancor del fine
  che uolendo colgiorno essere aporto
  e gran uiaggio in cosi poca uita
  poi temo che miueggio in fragil legno
  et piu chi non uorrei piena lauela
  deluento che mipinse inquesti scogli
S io esca uiuo de dubbiosi scogli
  et arriui il mio exilio adum bel fine
  chio sarei uago diuoltar lauela
  et lancore gittare in qual che porto
  se non chio ardo come acceso legno
  si me duro alassar lusata uita
S ignor della mia fine & della uita
  prima chi fiacchi illegno fra gli scogli
  driza albuon porto lassanata uela

  S E bianche non son prima ambe letempie
   cha poco apoco par chel tempo mischi
  securo non saro ben chio marrischi
  talor oua mor larco tira et empie

non temo gia che piu miftrazi ofcempie
ne miritenga per che ancor min uifchi
ne mapral cor per che difuor lincifchi
chon fue faette uelenofe et empie
L agrime oma dagliocchi ufar non ponno
ma di gire in fin lafam il uiaggio
fi che appena fia mai chil paffo chiuda
ben mipuo rifcaldare el fiero raggio
non fi chi arda et puo turbarmi il fonno
ma rumper no imagine afpra & cruda

O Cchi piangete accompagnate il core
che di uoftro fallir morte foftene
cofi fempre facciamo et neconuene
lamentar piu laltrui chel noftro errore
gia prima ebbe per uoi lentrata amore
launde ancor comenfuo albergo uene
noi gliaprimo lauia per quella fpeme
che moffe dentro da colui che more

N on fon come auoi par leragion pari
che pur uoi fufti nella prima uifta
del uoftro & del fuo mal cotanto auari
or quefto e quel che piu chaltro nattrifta
che perfecti giudicii fon fi rari
et daltrui colpa altrui biafmo faquifta

I O amai fempre et amo forte ancora
et fon peramar piu digiorno in giorno
quel dolce loco oue piangendo torno
fpeffe fiate quando amor maccora

chogni uil cura mi leuar dintorno
et piu colei lochui bel uiso adorno
di ben far chosuoi exempli minnamora
Ma chi penso ueder mai tutti inseme
per assalirmi or quindi or quinci
questi dolci nimici chio tanto amo
amor chon quanto sforzo oggi miuinci
et se non chal disio cresce laspeme
io cadrei morto oue piu uiuer bramo

IO auro sempre in odio la fenestra
onde amor mauento gia mille strali
per che alquanti di lor non fur mortali
che bel morir mentre lauita e destra
mal sorastar nella prigion terrestra
cagion me lasso dinfiniti mali
et piu miduol che fien meco immortali
poi che lalma dalcor non si scapestra
Misera che dourebbe essere accorta
per lunga experienza omai cheltempo
non e chi indietro uolga ochi laffreni
piu uolte lo chon tal parole scorta
uattene trista che non uai per tempo
chi dopo lascia esuoi di piu sereni

SI tosto come aduien che larco scocchi
buon sagittario di lontan discerne
qual colpo e da sprezare et qual dauerne
fede chil destinato segno tocchi
similemente elcolpo de uostri occhi

donna sentisti alle mie parti interne
dritto passare onde conuien che eterne
lagrime per lapiaga ilcor trabocchi
Et certo sono che uoi disceste allora
misero amante a che uagheza ilmena
ecco lostrale onde amor uuol che mora
ora uegendo comel duol maffrena
quel che mi fanno imiei nimici anchora
non e per morte ma per piu mia pena

POi che mia speme e lunga auenir troppo
et della uita el trapassar si corto
uorremi amiglior tempo essere accorto
per fuggir dietro piu che di gualoppo
et fuggo ancor cosi debile et zoppo
dalun delati ouel desio ma scorto
si curo omai ma pur nel uiso porto
segni chio presi alamoroso intoppo
Ondio consiglio uoi che siete in uia
uolgete ipassi et uoi cha more auampa
no uindugiate insul extremo ardore
che per chio uiua de mille un non scampa
era ben forte lanimica mia
et lei uidio ferita inmezol core

FVggendo laprigione oue amor mebbe
molti anni afar dime quel chalui parue
donne mie longo fora aricontarue
quanto lanuoua liberta mincrebbe
diceami il cor che per se non saprebbe

uiuere ungiorno et poi trauia mapparue
quel traditor in fi mentite larue
che piu faggio di me ingannato aurebbe
Onde piu uolte fofpirando indietro
diffi oi me ilgiogo & lecatene e ceppi
eram piu dolci che landare fciolto
mifero me che tardo il mio mal feppi
et conquanta faticha oggi mifpetro
del errore ouio fteffo mera inuolto

ERano ecapei doro a laura fparfi
chen mille dolci nodi gliauolgea
eluago lume oltra mifura ardea
di quei begliocchi chor ne fon fi fcarfi
el uifo di pietofi color farfi
non fo feuero o falfo miparea
io che lefca amorofa alpecto auea
qual marauiglia fi difubito arfi
Non era landar fuo cofa mortale
ma dangelica forma et leparole
fonauan altro che pur uoce humana
uno fpirto celefte un uiuo fole
fu quel chiuidi & fe non fuffe or tale
piaga per allentar darco non fana

LA bella donna che cotanto amaui
fubitamente fe da noi partita
et per quel chio nefperi alciel falita
fi furon gliacti fuoi dolci foaui
tempo e da ricourar ambe lechiaui

del tuo cor che la possedeua in uita
et seguir lei per uia dritta & spedita
peso terren non fie piu che ta graui
P oi che se sgombro dela maggior salma
laltre puoi giuso ageuolmente porre
salendo quasi un pellegrino scarco
ben uedi omai si come amorte corre
ogni cosa creata et quanto allalma
bisogna ir lieue al periglioso uarco

P langete donne et con uoi pianga amore
piangete amanti per ciaschun paese
poi che morto colui che tutto intese
in farui mentre e uisse almondo honore
io per me pregol mio acerbo dolore
non sian dalui lelagrime contese
et misia disopir tanto cortese
quanto bisogna a dissogare ilcore
P iangan lerime ancor piangano iuersi
per chel nostro amoroso messer cino
nouellamente se da noi partito
pianga pistoia e cittadin peruersi
che perduto anno si dolce uicino
et rallegrisil cielo ouegli e gito

P iu uolte amor maueua gia decto scriui
scriui quel che uedesti in lettre doro
si come imiei seguaci discoloro
en un momento gli fo morti et uiui
un tempo fu chen te stesso sentiui

uolgare exemplo alamoroso choro
poi diman mititolse altro lauoro
ma gia tiraggiunsio mentre fuggiui
E t se begliocchi ondio mitimostrai
et la douera ilmio dolce reducto
quando ti ruppi alcor tanta durezza
mirendon larco chogni cosa spezza
forse non aurai sempre eluiso asciutto
chi mi pasco dilagrime et tulsai

Q Vando giugne per gliocchi alcor profundo
limagin donna ogni altra indi si parte
et leuertu che lanima comparte
lascian lemembra quasi inmobil pondo
et del primo miracolo ilsecundo
nasce talor che lascacciata parte
da se stessa fuggendo arriua imparte
che fa uendecta el suo exilio giocondo
Q uinci in duo uolti uncolor morto apare
per chel uigor che uiui glimonstraua
da nessun lato et piu ladoue staua
et diquesto inquel di miricordaua
chiuidi due amanti trasformare
et far qualio misoglio in uista fare

C Osi potessio ben chiudere inuersi
imiei pensier come nel corglichiudo
chanimo almondo non fu mai si crudo
chi non facessi per pieta dolersi
ma uoi occhi beati ondio sofferti

quel colpo oue non ualse elmo ne scudo
di for et dentro mi uedete ignudo
ben chel lamenti ilcor non siriuersi
Poi che uostro uedere in me risplende
come raggio di sole traluce in uetro
basti dunque il desio senza chil dica
lasso non amaria non nocque a pietro
lafede chame sol tanto e nimica
et so chaltri che uoi nessun mintende

IO son delaspectare omai si uinto
et della lunga guerra de sospiri
chio aggio in odio laspeme ei desiri
et ogni laccio ondel mio core e auinto
mal bel uiso leggiadro che depinto
porto nel pecto et ueggio oue chi miri
misforzza onde ne primi impii martiri
pur son contra a mia uoglia risospinto
Allora errai quando lanticha strada
di liberta mi fu precisa et tolta
che mal sisegue cio chagliocchi agrada
allor corse al suo mal libera et sciolta
ora a posta daltrui chon uen chi uada
lanima che peccho solo unauolta

AI bella liberta come tu mai
partendoti da me mostrato quale
era il mio stato quandol primo strale
fece lapiaga ondio non guarro mai
gliocchi inuaghiro allor si de lor guai

chel fren della ragione iui non uale
per channo aschifo ogni opera mortale
lasso cosi da prima gliauezzai
Ne mi lece ascoltar chi non ragiona
dela mia morte & solo del suo nome
uo empiendo laere che si dolce sona
amor inaltra parte non misprona
nei piei sanno altra uia ne leman come
lodar sipossa incarte altra persona

ORso aluostro destrier sipuo ben porre
un fren che di suo corso indietrol uolga
mal cor chi leghera che non si sciolga
se brama honore el suo contrario aborre
non sospirate allui non si puo torre
suo pregio per chauoi landar sitolga
che come fama publica diuolga
eglie gia la che nullaltro il precorre
Basti che siritroue in mezol campo
al destinato di sotto quelarme
che glida il tempo amor uertute elsangue
gridando dungentil desire auampo
chol signor mio che non puo seguitarme
et del non esser qui sistrugge et langue

POi che uoi & io piu uolte abbian prouato
comel nostro sperar torna fallace
dietro aquel sommo ben che mai non spiace
leuate il cor a piu felice stato
questa uita terrena e quasi un prato

chel serpente tra fiori & lerba giace
& salcuna sua uista agliocchi piace
e per lassar piu lanimo inuescato
Voi dunque se cercate auer la mente
anzi lextremo di queta giamai
seguite i pochi & non la uolgar gente
ben si puo dire a me frate tu uai
mostrando altrui la uia doue souente
fosti smarito & hor se piu che mai

QVella fenestra oue lun sol si uede
quando a lui piace & laltro in su la nona
& quella doue laere fredo suona
ne breui giorni quando borrea fiede
el sasso oue a grandi pensosa siede
madonna & sola seco si ragiona
Conquati luoghi sua bella persona
copri mai dombra o disegno colpiede
Il fiero passo oue maggiunse amore
& lanuoua stagion che danno in anno
mi rinfresca in quel di lantiche piaghe
el uolto & le parole che mi stanno
altaméte conficte in mezzol core
fanno le luci mie dipianger uaghe.

Lasso ben so che dolorose prede
di noi fa quella cha nullo huom pdona
& che rapidamente na bandona
il mondo & picciol tempo ne tien fede
ueggio a molto languir poca mercede

& gia lultimo di nel cor mi tuona
per tutto questo amor non mi sprigiona
che lusato tributo a gliocchi chiede
S o come i di come i momenti & lore
ne portan glianni & non riceuo ingano
ma forza assai maggior chi darti maghe
la uoglia & la ragion conbattuto anno
sette & sette anni et uincera il migliore
sanime son quagiu del ben presaghe

C Esare poi chel traditor degytto
li fece il don de lonorata testa
celando lallegrezza manifesta
pianse per gliocchi fuor si come e scritto
et hannibal quando al imperio afflitto
uide farsi fortuna si molesta
rise fra gente lagrimosa & mesta
per issogare el suo acerbo despitto
E t cosi aduen che lanimo ciaschuna
sua passion sottol contrario manto
ricopre co la uista or chiara or bruna
pero salcuna uolta io rido o canto
faciol per chi nono senon questuna
uia da celare il mio angoscioso pianto

V Inse hannibal & non seppe usar poi
ben la uictoriosa sua uentura
pero signor mio caro aggiate cura
che similmete non auegna auoi
lorsa rabbiosa per gliorsachi suoi

che trouaron di maggio aspra pastura
rode se dentro ei denti & lunghie indura
per uendicar suoi danni sopra noi
Mentrel nouo dolor dunque laccora
non riponete lonorata spada
anzi seguite ladoue ui chiama
uostra fortuna dricto per la strada
che ui puo dar dopo la morte ancora
mille & mille anni al mondo honor et fama

LAspectata uertu chen uoi fioriua
quando amor comincio darui battaglia
pduce hor fructo che quel fiore aguaglia
& che mie speme fa uenire a riua
pero mi dice il core chio in carte scriua
cosa ondel uostro nome in pregio saglia
chen nulla parte si saldo sintaglia
perfar di marmo una persona uiua
Credete uoi che cesare o marcello
o paulo o dafrican fossein cotali
per incude giamai ne per martello
pandolfo mio questopere son frali
al lungo andar mal nostro studio e quello
che fa per fama glibuomini in mortali

MAi non uo piu cantar comio soleua
chaltri non mintendeua ondebbi scorno
& puossi in bel soggiorno esser molesto
il sempre sospirar nulla releua
gia super lalpi neua dogni intorno

& e gia presso al giorno ondio son desto
un acto dolce honesto e gentil cosa
& in donna amorosa ancor maggrada
chen uista uada altera et disdegnosa
non superba & ritrosa
amor regge suo impero senza spada
chi smarrita a lastrada torni in dietro
chi nona albergo posisi in sul uerde
chi non a lauro ol perde.
spenga la sete sua chonun bel uetro
o die in guarda a sanpietro or non piu no
in tendami chi po chimintendio
graue sonna e un mal sio amantenerlo
quanto posso mispetro & sol misto
phetonte odo chen po cadde & morio
& gia di la dal rio passato elmerlo
de uenite auederlo or i non uoglio
non e gioco uno scoglio in mezo londe
entra le fronde el uisco assai midoglio
quando un souerchio orgoglio
molte uertuti in bella donna asconde
alcun e che risponde a chi nol chiama
altri chilprega si delegua & fugge
altri al ghiaccio sistruge
altri di & nocte lasua morte brama
Prouerbio ama chi tama e facto antico
i so ben quel chio dico or lassa andare
che conuen chaltri impare a le sue spese
unhumil donna grama undolce amico
mal siconosce il fico ame pur pare

senno anon cominciare troppalte imprese
& per ogni paese e bona stanza
linfinita speranza uccide altrui
& anchio fui alcuna uolta in danza
quel poco che mauanza
sia chi nol schifi sil uo dare alui
imi fido in colui chel mondo regge
& che seguaci suoi nel bosco alberga
che compietosa uerga
mi meni a passo omai tra le sue gregge
F orsi chogni uom che legge non lintende
& la rete tal tende che non piglia
& chi troppo assottiglia si scauezza
non sia zoppa la legge oualtri attende
per bene star si scende molte miglia
tal par gran merauiglia & poi si sprezza
una chiusa belleza e piu soaue
benedecta la chiaue che sauolse
alcor & sciolse lalma & scossa laue
di catena si graue
enfiniti sospir del mio sen tolse
la doue piu mi dolse altri si dole
& dolendo adolcisse il mio dolore
ondio ringratio amore
che piu nol sento & e non men che suole
I nsilentio parole accorte & sagge
el suon che mi sottragge ognialtra cura
& la prigione obscura ouel bel lume
lenocturne uiole per le piagge
& le fere seluagge entra lemura

& la dolce paura el bel costume
& di duo fonti un fiume in pace uolto
douio bramo & racolto oue che sia
amor & gelosia manno el cor tolto
ei segni del bel uolto
che mi conducon per piu piana uia
a la speranza mia al fin de gliaffanni
o riposto mio bene & quel che segue
or pace or guerra or triegue
mai non mabbandonate in questi panni
De passati mei danni piango & rido
per che molto mi fido in quel chio odo
del presente mi godo & meglio aspecto
& uo contando glianni & taccio & grido
enbel ramo mannido & intal modo
chio ne ringratio & lodo el gran disdecto
che lindurato affecto al fine a uinto
& ne lalma depinto i sare udito
& mostratone adito & anne extincto
tanto innanzi son pinto
chil pur diro non fustu tantardito
chi mal fianco ferito & chil risalda
per chui nelcor uia piu chencarta scriuo
chi mi fa morto & uiuo
chinun punto maghiaccia & mi riscalda

NOVA angelecta soura lale accorta
scese dal cielo in su la fresca riua
landio passaua sol per mio destino
poi che senza compagna & senza scorta

mi uide un laccio che difeta ordiua
tefe fra lerba onde uerde il cammino
allor fui prefo & non mi fpiacque poi
si dolce lume ufcia de gliocchi fuoi

NON ueggio oue fcampar mi poffa omai
si lunga guerra i begliocchi mi fanno
chi temo laffo nel fouerchio affanno
diftruggal cor che triegua non a mai
fuggir uorrei ma gliamorofi rai
che di & nocte ne lamente ftanno
rifplendon si chal quintodecimo anno
mabbaglian piu chel primo giorno affai
Et limagine lor fon si cofparte
che uoluer non mi poffo ouio non ueggia
o quella o fimil indi accefa luce
folo dun lauro tal felua uerdeggia
chel mio aduerfario commirabil arte
uago fra irami ouunque uuol madduce

AVenturofo piu daltro terreno
ouamor uidi gia fermar le piante
uerme uolgendo quelle luci fancte
che fanno intorno a fe laere fereno
prima porria per tempo uenir meno
un ymagine falda di diamante
che lacto dolce non mi ftia dauante
del qual o la memoria el cor si pieno
Ne tante uolte ti uedro giamai
chi non minchini a ricercar de lorme

chel bel pie fece in quel cortese giro
ma sen cor ualoroso amor non dorme
prega sennuccio mio quandol uedrai
di qualche lagrimetta o dun sospiro

LASSo quante fiate amor massale
che fra la nocte el di son piu di mille
torno douarder uidi le fauille
chel foco del mio cor fanno inmortale
iui macqueto & son condocto atale
cha nona a uespro a lalba & a le squlle
le trouo nel pensier tanto tranquille
che di nullaltro mirimenbra o cale

L laura soaue che dal chiaro uiso
muoue col suon de le parole accorte
per far dolce sereno ouunque spira
quasi un spirto gentil di paradiso
sempre in quellaere par che mi conforte
si chel cor lasso altroue non respira

PErseguendomi amor al luogo usato
ristretto in guisa duoin chaspecta guerra
che si prouede ei passi intorno serra
de mei antichi pensier mi staua armato
uolsimi & uidi un ombra che da lato
stampaua il sole & riconobbi interra
quella che sel giudicio mio non erra
era piu degna dinmortale stato
I dicea fra mio cor perche pauenti
ma non fu prima dentro il pensier giunto

che iraggi ouio mi struggo eran presenti:
come col balenar tona in unpunto:
cosi fu io de begliocchi lucenti:
& dun dolce saluto in seme aggiunto.

LA donna chel mio cor nel uiso porta,
 ladoue sol,fra bei pensier damore
sedea,mapparue:& io per farle honore,
mossi con fronte reuerente & smorta.
tosto che del mio stato fusi accorta,
a me si uolse in si nouo colore:
chaurebbe a gioue nel maggior furore,
tolto larmi di mano:& lira morta.
I mi riscossi;& ella oltre parlando
passo:che la parola i non soferssi,
nel dolce sfauillar de gliocchi suoi.
or mi ritrouo pien di si diuersi
piaceri,in quel saluto ripensando,
che duol non sento:ne senti mai poi

SEnnuccio io uo che sappi,in qual manera
 tractato sono:& qual uita e la mia.
ardomi:& struggo ancor comio solia:
laura mi uolue:& son pur quel chimera.
qui tutta humile:& qui la uidi altera:
hor aspra:or piana:or dispietata:or pia:
hor uestirsi honestate:or leggiadria:
hor mansueta:or disdegnosa:& fera.
Qui canto dolcemente:& qui sassise:
qui si riuolse:& qui rattenne il passo:

qui cho begliocchi mi trafixe il core:
qui dixe una parola.& qui forrife:
qui cangiol uifo.in quefti penfier laffo
nocte & di tienmi el fignor noftro amore

Qvi doue mezo fon fennuccio mio
cofi ci fuffio intero & uoi contento
uenni fuggendo la tempefta el uento
channo fubito factò il tempo rio
qui fon ficuro.& uoui dir per chio
non come foglio il folgorar pauento
& per che mitigato non che fpento
nimica trouo il mio ardente defio
Tofto che giunto a lamorofa regiga
uidi onde nacque laura dolce & pura
cha queta laere & mette i tuoni in bando
amor ne lalma ouella fignoreggia
raccefel foco & fpenfe la paura
che farei dunque gliocchi fuoi guardando

DE limpia babilonia onde fuggita
ogni uergogna ondogni bene e fori
albergo didolor madre derrori
fon fuggitio per a lungar la uita
qui mi fto folo & come amor minuita
or rime & uerfi or colgo erbette & fiori
feco parlando & a tempi migliori
fempre penfando & quefto fol maita
Ne del uulgo mical ne di fortuna
ne di memolto ne dicofa uile

ne dentro sento ne di fuor gran caldo
sol due persone cheggio & uorrei luna
chol cor uer me pacificato humile
laltro colpie si come mai fu saldo

IN mezo di duo amanti honesta altera
uidi una donna & quel signor cho lei
che fragli huomini regna & fra li dei
& da lun lato il sole io da laltro era
poi che saccorse chiusa da la spera
de lamico piu bello a gliocchi miei
tutta lieta si uolse & ben uorrei
che mai non fosse in uer di me piu fera
S ubito in alegreza si conuerse
la gelosia chen su la prima uista
per si alto aduersario alcor mi nacque
a lui la faccia lagrimosa & trista
un nuui letto in torno ricouerse
cotanto lesser uinto li dispiacque

P Len di quella ineffabile dolcezza
che del bel uiso trassen gliocchi miei
nel di che uolentier chiusi gliaurei
per non mirar giamai minor bellezza
lasciai quel chi piu bramo & o si auezza
la mente a contemplar sola costei
chaltro non uede & cio che non e lei
gia per anticha usanza odia & disprezza
I n una ualle chiusa dogni intorno
chee refrigerio desospir miei lassi

giunsi sol con amor pensoso & tardo
iui non donne ma fontane & sassi
& lymagini trouo di quel giorno
chel pensier mio figura ouunq; io sguardo

S El sasso onde piu chiusa questa ualle
di chel suo proprio nome si deriua
tenesse uolto per natura schiua
a roma il uiso & a babel le spalle
i miei sospiri piu benigno calle
auriam per gire oue lor speme e uiua
or uanno sparsi & pur ciaschuno arriua
la douio il mando che solun non falle
E t son di la si dolcemente accolti
comio maccorgo che nessun mai torna
chon tal dilecto in quelli parti stanno
de gliocchi il duol che tosto che saggiorna
per gran disio de be luoghi a lor tolti
danno a me pianto & apie lassi affanno

R Imansi a dietro il sextodecimo anno
de miei sospiri et io trapasso innanzi
uerso lextremo et parmi che pur dianzi
fossel principio di cotanto affanno
lamar me dolci & util il mio danno
el uiuer graue & prego che gli auanzi
lempia fortuna & temo non chiuda anzi
morte i be gliocchi che parlar mi fanno
O r qui son lasso & uoglio essere altroue
& uorrei piu uolere & piu non uoglio

& per piu non poter fo quantio poſſo
et dantichi diſir lagrime noue
prouan comio ſon pur quel chi mi foglio
ne per mille reuolte ancor ſon moſſo

Vna donna piu bella aſſai chel ſole
& piu lucente & daltrettanta etade
con famoſa beltade
acerbo ancor mi traſſe alla ſua ſchiera
queſta in penſieri in opere & in parole
pero che de le coſe al mondo rade
queſta per mille ſtrade
ſempre innanzi miſu leggiadra altera
ſolo per lei tornai da quel chi era
poi chi ſoferſi gliocchi ſuoi dapreſſo
per ſuo amor merio meſſo
a faticoſa impreſa aſſai per tempo
tal che ſi arriuo al diſiato porto
ſpero per lei gran tempo
uiuer quandaltri mi terra per morto

Queſta mia donna mi meno moltanni
pien di uagheza giouenile ardendo
ſi come ora io comprendo
ſol per auer di me piu certa proua
monſtrandomi pur lombra ol uelo o pāni
talor di ſe mal uiſo naſcondendo
& io laſſo credendo
uederne aſſai tutta leta mia noua
paſſai contento el rimembrar mi gioua
poi chal quanto dilei ueggior piu inanzi

    i dico che pur dianzi
    qual io non lauea uista in fin allora
    mi si scouerse onde mi nacque un ghiaccio
    nel core & eui ancora
    & sara sempre fin chi le sia in braccio
Ma non meltolse la paura ol gielo
    che pur tanta baldanza al mio cor diedi
    chi le mi strinsi a piedi
    per piu dolceza trar de gliocchi suoi
    & ella che remosso auea gia il uelo
    dinanzi amiei mi disse amico or uedi
    comio son bella & chiedi
    quanto par siconuenga a glianni tuoi
    madonna dixi gia gran tempo in uoi
    posil mio amor chio sento or si infiamato
    onde arme in questo stato
    altro uolere o disuoler ne tolto
    chon uoce allor di si mirabil tempre
    rispose & con un uolto
    che temer & sperar mi fara sempre
R ado fu almondo fra cosi gran turba
    chudendo ragionar del mio ualore
    non si sentisse al core
    per breue tempo almen qual che fauilla
    ma laduersaria mia chel ben per turba
    tosto la spegne ondogni uertu more
    & regna altro signore
    che promette una uita piu tranquilla
    de la tua mente amor che prima aprilla
    mi dice cose ueramente ondio

ueggio chel gran desio
pur donorato fin ti fara degno
& come gia se de miei rari amici
donna uedrai per segno
che fara gliocchi tuoi uie piu felici
I uolea dir queste impossibil cosa
quandella or mira & leua gliocchi un poco
in piu riposto loco
donna cha pochi si mostro giamai
ratto inchinai la fronte uergognosa
sentendo nouo dentro maggior foco
& ella il prese in gioco
dicendo ueggio ben doue tu stai
si comel sol con suoi possenti rai
fa subbito sparire ognaltra stella
cosi pare hor men bella
la uista mia cui maggior luce preme
ma io pero damiei nonti diparto
che questa et me dun seme
lei dauanti et me poi produxe un parto.
R uppesi in tanto diuergogna il nodo
cha la mia lingua era distretto in torno
fu nel primiero scorno
allor quandio del suo accorger maccorsi
en cominciai se glie uer quel chi odo
beato il padre & benedecto il giorno
cha di uoi il mondo adorno
& tuttol tempo cha uiderui io corsi
& se mai da la uia dritta mitorsi
duolmene forte assai piu chei non mostro

  ma se del esser uostro
fussi degno udir piu del desir ardo
pensosa mi rispose & cosi fiso
tenne il suo dolce sguardo
chal cor mando cole parole il uiso
S i come piacque al nostro eterno padre
ciaschuna di noi due nacque inmortale
miseri auoi che uale
me uera che da noi fosse il defecto
amate belle giouani & leggiadre
fumo alchun tempo & or sian giunte a tale
che costei batte lale
per tornare a lantico suo ricetto
i per me sono unombra & or to decto
quanto per te si brieue intender possi
poi chi pie suoi fur mossi
dicendo non temer chi mallontani
di uerde lauro una ghirlanda colse
la qual cole sue mani
intorno intorno a le mie tempie auolse
C anzon chi tua ragion chiamasse obscura
di non o cura per che tosto spero
chaltro messaggio il uero
fara in piu chiara uoce manifesto
io uenni sol per isuegliare altrui
se chi inunpose questo
non minganno quandio parti da lui

 D Icessetteanni a gia riuolto il cielo
poi chen prima arsi & gia mai non mi spesi

ma quando auen chal mio stato ripensi
sento nel mezo de le fiamme un gelo
uero el prouerbio chaltri cangia il pelo
anzi chel uezzo & per lentare i sensi
gli humani affecti non son meno intensi
cio ne fa lombra ria del graue uelo
O ime lasso & quando fia quel giorno
che mirando il fuggire de gli anni miei
esca del foco & di si lunghe pene
uedro mai il di chi pur quantio uorrei
quel aria dolce del bel uiso adorno
piaccia a questi occhi & quanto si conuene

Quelle pietose rime in chio maccorsi
di uostro ingegno & del cortese affecto
ebben tanto uigor nel mio conspecto
che ratto a questa penna la man porsi
per far uoi certo che gli extremi morsi
di quella chio con tuttol mondo aspecto
mai non senti ma pur senza sospecto
in fin a luscio del suo albergo corsi
Poi tornai in dietro per chio uidi scripto
di sopral limitar chel tempo ancora
non era giunto al mio uiuer prescripto
ben chio non ui leggessi il di ne lora
dunque saqueti o mai il cor uostro afflitto
& cerchi huom degno quando si lonora

DOnna miuenne spesso ne la mente
altra donna ue sempre

ondio temo si stempre el cor ardente
Quella il nutrica in amorosa fiamma
con un dolce martir pien di desire
questa lo strugge oltra misura en fiāma
tanto cha doppio e forza che sospire
Ne ual per chio ma diri & armil core
chio non so come amore
di che forte mi sdegno gliel consente

QVel uago impalidir chel dolce riso
dun amorosa nebbia ricoperse
con tanta maiestade alcor sofferse
che li si fece incontra a mezol uiso
conobbi alor si come in paradiso
uede lun laltro in tal guisa saperse
quel pietoso penser chaltri non scerse
ma uidilio chaltroue non maffiso
Ogni angelica uista ogniactohu mile
che giamai in donna ouamor fosse apparu
fora uno sdegno a lato a quel chi dico
chinaua a terra il bel guardo gentile
& tacendo dicea come a me parue
chi mallontana il mio fedele amico

AMor fortuna & lamia mente schiua
di quel che uede & nel passato uolta
massligon si chio porto alchuna uolta
inuidia aquei che son su laltra riua
amor mistruggiel cor fortuna il priua
dogni conforto onde lamente stolta

 sadira & piange & cosi inpena molta
 sempre chonuen che combattendo uiua
N e spero i dolci di tornino indietro
 ma pur dimale in peggio quel chauanza
 & di mio corso o gia passatol mezo
 lasso non di diamante ma dun uetro
 ueggio di man cadermi ogni speranza
 & tutti mei pensier romper nel mezo

S El pensier che mi strugge
 come pungente & saldo
 cosi uestisse dun color conforme
 forse tal marde & fugge
 chauria parte del caldo
 & desteriesi amor la douor dorme
 men solitarie lorme
 foran de miei pie lassi
 per campagne & per colli
 men gliocchi adognor molli
 ardendo lei che come unghiaccio stassi
 & non lascia in me dramma
 che non sia foco & fiamma
P ero chamor mi sforza
 & di sauer mi spoglia
 parlo in rime aspre & di dolceza ignude
 ma non sempre a la scorza
 ramo nen fior nen foglia
 mostra di fuor suo natural uertude
 miri cio chel cor chiude
 amor & que begliocchi

oue si siede a sombra
sel dolor che si sgombra
aduen chen pianto o in lamentar trobochi
lun ame nuoce & laltro
altrui chi non lo scaltro
D olci rime leggiadre
che nel primiero assalto
damore usai quando non ebbi altrarme
chi uerra mai che squadre
questo mio cor dismalto
chal men comio solea possa ssogarme
chauer dentro allui parme
un che madonna sempre
depinge & di lei parla
auoler poi ritrarla
per me non basto & par chio me ne stepre
lasso cosi me scorso
lo mio dolce soccorso
C ome fanciul chappena
uolge lalingua et snoda
che dir non sa mal piu tacer glie noia
cosil desir mi mena
a dire & uo che moda
la dolce mia nimica anzi chio moia
se forse ogni sua gioia
nel suo bel uiso e solo
& di tutto altro e schiua
o diltu uerde riua
& presta amici sospir si largo uolo
che sempre si ridica

 come tu meri amica
B en fai che fi bel piede
 non tocho terra un quanco
 come quel di che gia fegnata fofti
 ondel cor laffo riede
 col tormentofo fianco
 a partir teco i or penfier nafcofti
 cofi aueftu ripofti
 de be ueftigi fparfi
 ancor tra fiori & lerba
 che lamia uita acerba
 lagrimando trouaffe oue quetarfi
 ma come poi fappaga
 lalma dubiofa & uaga
O uunque gliocchi uolgo
 truouo un dolce fereno
 penfando qui percoffe il uago lume
 qualunche herba o fior colgo
 credo che nel terreno
 aggia radice ouella ebbe in coftume
 gir fra lepiagge el fiume
 & talor farfi unfeggio
 frefco fiorito & uerde
 cofi nulla fenperde
 & piu certezza auerne forail peggio
 fpirto beato quale
 fe quando altrui fai tale
O pouerella mia come fe rozza
 credo che telconofchi
 rimanti in quefti bofchi

CHiare fresche & dolci acque
oue le belle membra
pose colei che sola a me par donna
gentil ramo oue piacque
con sospir mi rimembra
allei di fare al bel fianco colonna
herba & fior che la gonna
leggiadra ricouerse
con langelico seno
aer sacro sereno
oue amor chobegliocchi il cor mapse
date udienza inseme
a le dolenti mie parole extreme
S eglie pur mio destino
el cielo incio sadopra
chamor questi occhi lagrimando chiuda
qualche gratia il meschino
corpo fra uoi ricopra
& torni lalma al pprio albergo ignuda
la morte fia men cruda
se questa speme porto
a quel dubioso passo
che lo spirito lasso
non poria mai in piu riposato porto
nen piu tranquilla fossa
fuggir la carne trauagliata e lossa
T empo uerra ancor forse
cha lusato soggiorno
torni lafera bella & mansueta
& la ouella mi scorse

nel benedecto giorno
  uolga lauista disiosa & lieta
  cercandomi & o pieta
  gia terra infra lepietre
  uedendo amor linspiri
  inguisa che sospiri
  si dolcemente che merce minpetre
  & faccia forza al cielo
  asciugandosi gliocchi col bel uelo
D a be rami scendea
  dolce ne la memoria
  una pioggia difior suoral suo grebo
  & ella si sedea
  humile in tanta gloria
  couerta gia de lamoroso nembo
  qual fior cadea sulembo
  qual su letreccie bionde
  choro forbito & perle
  eran quel di auederle
  qual si posaua interra e qual su londe
  qual chonun uago errore
  girando parea dir qui regna amore
Q uante uolte dissio
  allor pien dispauento
  costei perfermo nacque inparadiso
  cosi carco doblio
  il diuin portamento
  el uolto & le parole el dolce riso
  maucano si diuiso
  da limagyne uera

che dicea sospirando
qui come uennio o quando
credendo essere in ciel non la douera
da indi in qua mi piace
questa herba si chaltroue non o pace
S e tu auessi ornamenti quanto ai uoglia
poresti arditamente
uscir del bosco & gir in fra la gente

I N quella parte doue amor mi sprona
chonuien chio uolga le dogliose rime
che son seguaci de lamente afflitta·
qua fien ultime lasso & qua fien prime
colui che del mio mal meco ragiona
mi lascia in dubbio:si confuso ditta·
ma pur quanto lastoria truouo scritta
in mezzol cor, che si spesso rincorro:
cholla sua ppria man de miei mattiri
diro: per che sospiri
parlando an triegua, & al dolor soccorro·
dico che per chio miri
mille cose diuerse attento & fiso
sola una donna ueggio, el suo bel uiso

P oi chella dispietata mia uentura
ma dilungato dal maggior mio bene
noiosa inexorabile & superba·
amor col rimembrar sol mi manteno:
onde sio ueggio ingiouinil figura
in cominciarsi il mondo auestir derba:
parmi uedere in quella etade acerba

la bella giouenetta chora e donna.
poi che sormonta riscaldando il sole
parmi qual esser sole,
fiamma damor chen cor alto sindonna.
ma quandol di si dole
di lui che passo passo adietro torni:
ueggio lei giunta asuoi perfecti giorni
In ramo fronde,o uer uiole in terra
mirando ala stagion chel freddo perde:
& lestelle migliori aquistan forza:
negliocchi o pur le uiolette el uerde:
di che era nel principio dimia guerra
amore armato:si chancor misforza
& quella dolce leggiadretta scorza,
che ricopria le pargolette membra
doue oggi alberga lanima gentile:
chognaltro piacer uile
sembiar mifa:si forte mirimembra
del portamento humile:
challor fioriua,& poi crebbe anzi glianni
cagion sola & riposo demiei affanni
Qualor tenera neue per li colli
dal sol percossa ueggio di lontano
comel sol neue mi gouerna amore:
pensando nel bel uiso piu che humano:
che puo da longe gliocchi miei far molli:
ma da presso gliabbaglia & uince il core:
oue fral bianco & laureo colore
sempre si monstra quel che mai non uide
occhio mortal,chi creda altro chel mio,

& del caldo desio
che quando sospirando ella sorride:
minfiammasi che oblio
niente apprezza ma diuenta eterno:
nestatel cangia ne lospegnel uerno
Non uidi mai dopo nocturna pioggia
gir per laer sereno stelle erranti:
& fiammeggiar fra la rugiada el cielo:
che non auessi ibegliocchi dauanti:
oue la stanca mia uita sappoggia:
qualio gliuidi a lombra dun bel uelo
& si come dilor bellezze il cielo
splendea quel di cosi bagnati ancora
li ueggio sfauillare ondio sempre ardo
sel sol leuarsi sguardo:
sento ellume apparir che minnamora.
se tramontarsi al tardo:
parmel ueder quando siuolge altroue
lasciando tenebroso onde simoue.
Se mai candide rose chon uermiglie
inuasel doro uider gliocchi miei;
allor allor da uergini man colte:
ueder pensaro el uiso di colei;
chauanza tutte laltre marauiglie;
con trie belle excellentie in lui raccolte.
le bionde trecce sopral collo sciolte:
ouogni lacte perderia suo proua.
& leguance cha dorna un dolce foco.
ma pur che lora un poco
fior bianchi & gialli per le piagge moua

torna a la mente il loco:
el primo di chiuidi a laura sparsi
i capei doro:ondio si subito arsi
A duna aduna annumerar le stelle:
en picciol uetro chiuder tutte lacque:
forse credea quando in si poca carta
nouo pensier di ricontar minacque.
in quante parti il fior de laltre belle
stando in sestessa a la sua luce sparta
accio che mai da lei non mi diparta.
ne faro io:& se pur talor fuggo
in cielo en terra mara chiusi & passi:
per chagliocchi miei lassi:
sempre & presente:ondio tutto mi struggo
& cosi meco stassi:
chaltra non ueggio mai:ne ueder bramo
nel nome daltra ne sospir miei chiamo.
B en sai canzon che quantio parlo e nulla:
al celato amoroso mio pensero
che di & nocte nel la mente porto:
solo per chui conforto
in cosi lunga guerra anco non pero.
che ben mauria gia morto
la lontananza del mio cor piangendo.
ma quinci da la morte indugio prendo.

I Talia mia benchel parlar sia indarno
a le piaghe mortali
che nel bel corpo tuo si spesse ueggio
piacemi almen chemiei sospir sien quali

spetal teuero & larno
el po doue doglioso & graue or seggio
rector del cielo io chieggio
che lapieta che ti condusse interra
ti uolga al tuo dilecto almo paese
uedi signor cortese
di che licui cagion che crudel guerra
& icor chendura & serra
marte superbo & fero
apri tu padre en tenerisci & snoda
iui fa chel tuo uero
qualio misia per lamie lingua soda
V oi chui fortuna aposto in mano il freno
delle belle contrade
di che nulla pieta par che uistringa
che fan qui tante perigrine spade
per chel uerde terreno
del barbarico sangue si depinga
uano error ui lusinga
poco uedete & parui ueder molto
chen cor uenale amor cercate o fede
qual piu gente possiede
colui e piu da suoi nimici auolto
o dil uiuo raccolto
di chi diserti strani
per inundare iuostri dolci campi
se dalle proprie mani
questo nauiene orchi fia che ne scampi
B en prouide natura al uostro stato
quando de lalpi schermo

pose fra noi & la tedesca rabia
mal desir cieco & contro al suo ben fermo
se poi tanto ingegnato
chal corpo sano a procurato scabbia
or dentro aduna ghabbia
fiere seluagge & mansuete gregge
sannidan si che sempre elmiglior geme
& e questo del seme
per piu dolor del popol senza legge
al qual come si legge
mario aperse sil fianco
che memoria de lopra anco non langue
quando assetato & stanco
non piu beuue del fiume acqua che sangue

C esare taccio che per ogni piaggia
fece lerbe sanguigne
di lor uene o uel nostro ferro misse
or par non so per che stelle maligne
chel cielo in odio naggia
uostra merce chui tanto si commise
uostre uoglie diuise
guastan del mondo la piu bella parte
qual colpa qual giudicio o qual destino
fa stridire il uicino
pouero & le fortune afflicte & sparte
per seguire indisparte
cercar gente & gradire
chi spargal sangue & uenda lalme aprezzo
io parlo per uer dire
non per odio daltrui ne per disprezzo

Ne uaccorgete ancora per tante proue
del barbarico inganno
chal zando ildico colla morte scherza
peggio e lostratio almio parer chel danno
mal uostro sangue pioue
piu largamente chaltrira uisferza
da lamattina a terza
di uoi pensate & uederete come
tien caro altrui chi tien se cosi uile
latin sangue gentile
sgombra da te queste dannose some
non fare idolo un nome
uano senza suggetto
chel furor di lassu gente ritrosa
uincerne dintellecto
peccato e nostro & non natural cosa

Non e questol terren chi tocchai pria?
non e questol mio nido?
oue nudrito fui si dolcemente
non e questa la patria in chio mi fido?
madre benigna & pia
che copre luno & laltro mio parente
per dio questo lamente
talor uimuoua & con pieta guardate
le lagrime del popol doloroso
che sol da uoi riposo
dopo dio spera & pur che uoi monstrate
segno alchun di pietate
uertu contro a furor prendera larme
& fial combatter corto

che lantico ualore
negli talici cor non e ancor morto
S ignor mirate comel tempo uola
& si come lauita
fugge & lamorte ne soura le spalle
uoi siete qui pensate a la partita
che lalma ignuda & sola
chonuien charriui aquel dubioso calle'
al passar questa uale
piacciaui diporgiu lira & losdegno
uenti contrarii a la uita serena
& quel che in altrui pena
tempo sispende in qualche acto piu degno
o di mano o dingegno
in qualche bella lode
in qualche honesto studio si conuerta
cosi quaggiu si gode
& la strada del ciel si truoua aperta
C anzone io tammonisco
che tuo ragion cortesemente dica
per che tra gente altera ir ticõuene
& le uoglie son piene
gia de lusanza pessima & anticha
del uer sempre nimica
prouerai tua uentura
fra magnanimi pochi achil ben piace
di lor chi massicura
io uo gridando pace pace pace

Di pensier in pensier di monte in monte
miguida amor chogni segnato calle
prouo contrario ala tranquilla uita
sen solitaria piaggia riuo o fonte
senfra duo poggi siede ombrosa ualle
iui sacqueta lalma sbigottita
& come amor lenuita
or ride or piange or teme or sasicura
el uolto che lei segue ouella ilmena
si turba & rasserena
& in un esser picciol tempo dura
onde ala uista huom di tal uita experto
diria questo arde & di suo stato e incerto
Per alti monti & per selue aspre trouo
qual che riposo ogni habitato loco
e nimico mortal de gliocchi miei
a ciaschun passo nasce un pensier nouo
dela mia donna che souente ingioco
giral tormento chi porto perlei
& appena uorrei
cangiar questo mio uiuer dolce amaro
chi dico forse ancor ti serua amore
adun tempo migliore
forse a testesso uile altrui se caro
& in questa trapasso sospirando
or porebbe esser uero or come or quando
Oue porge ombra un pino alto odun colle
talor marresto & pur nel primo saxo
disegno colamente il suo bel uiso
poi cha me torno trouo il pecto molle

dela pietade & allor dico ai lasso
doue se giunto & onde se diuiso
ma mentre tener fiso
posso al primo pensier lamente uaga
& mirar lei & obliar me stesso
sento amor si dapresso
che del suo proprio error lalma sappaga
in tante parte & si bella la ueggio
che se lerror durasse altro non cheggio
I lo piu uolte or chi fia che mil creda
ne lacqua chiara & supra lerba uerde
ueduta uiua & nel troncon dun faggio
en bianca nube si facta che leda
auria ben decto che sua figlia perde
come stella chel sol copre col raggio
& quanto in piu seluaggio
loco mitrouo e inpiu diserto lido
tanto piu bella el mio pensier ladombra
poi quando iluero sgombra
quel dolce error pur li medesmo assido
me freddo pietra morta inpietra uiua
inguisa duom che pensi & pianga & scriua
O ue daltra montagna ombra non tocchi
uersol maggior el piu expedito giogo
tirar mi suol un desiderio intenso
indi imiei danni a misurar cogliocchi
comincio en tanto lagrimando ssogo
di dolorosa nebbia il cor condenso
allor chi miro & penso
quanta aria dal bel uiso mi di parte

che sempre me si presso & si lontano
poscia fra me pianpiano
che sai tu lasso forse in quella parte
or di tua lontananza si sospira
& in questo penser lalma respira
Canzone oltra quellalpe
la doue il ciel e piu seren & lieto
mi riuedrai soura un ruscel corrente
oue laura si sente
dun fresco & odorifero laureto
iui e el mio cor & quella chel minuola
qui uider puoi limagine mia sola

Poi chel camin me chiuso di mercede
per disperata uia son dilungato
da gliocchi ouera io non so per qual fato
riposto il guidardon dogni mia fede
pascol cor di sospiri chaltro non chiede
& dilagrime uiuo a pianger nato
ne dicio dolmi per che in tale stato
e dolce elpianto piu chaltri non crede
Et sol aduna imagine mattengno
che fe non zeusi o praxsitele o fidia
ma miglior mastro e di piu alto ingegno
qual scitia massicura o qual numidia
sancor non satia del mio exilio indegno
cosi nascosto miritruoua inuidia

Io canterei damor si nuouamente
chal duro fianco el di mille sospiri

rarrei per forza & mille alti desiri
raccenderei nella gelata mente
el bel uiso uedrei cangiar souente
& bagnar gliocchi & piu pietosi giri
far come suol che de ghaltrui martiri
& del suo error quando non ual spente
Et le rose uermiglie infra la neue
mouer da lora & discourir lauorio
che fa di marmo chi da pressol guarda
& tutto quel per che nel uiuer breue
non rincresco a me stesso anzi mi glorio
desser seruato ala stagion piu tarda

SAmor non e che dunque e quel chio sèto?
ma seglie amor per dio che cosa o quale?
se bona onde leffecto aspro & mortale?
se ria onde si dolce ogni tormento?
samia uoglia ardo ondel pianto & lamento
samal mio grado illamentar che uale
o uiua morte o dilectoso male
come poi tanto inme sio nol consento
Et siol consento agran torto mi doglio
fra si contrarii uenti in fragil barca
mi trouo in alto mar senza gouerno
si lieue di sauer derror si carca
chio medesmo non so quel chio mi uoglio
& tremo a meza state ardendo il uerno

AMor ma posto come segno a strale
come al sol neue e come cera al foco

& come nebbia al uento & son gia rocho
donna merze chiamando & uoi non calo
da gliocchi uostri usciol colpo mortale
contra cui non mi uale tempo ne loco
da uoi sola procede & parui un gioco
il sole el foco el uento ondio son tale
I pensier son saette el uiso un sole
el desir foco en sieme con queste arme
mi punge amor mabbaglia & mi distrugge
& langelico canto & le parole
col dolce spirto ondio non posso aitarme
son laura innanzi achui mia uita fugge

P Ace non trouo & non o da far guerra
 & temo & spero & ardo & sono un ghiaccio
& uolo sopral cielo & giaccio in terra
et nulla stringo et tuttol mondo abraccio
tal ma in prigion che non mappre ne serra
ne per suo miritien ne scioglie il laccio
& nonmi ancide amore et non mi sferra
ne mi uuol uiuo ne mitrae din paccio
V eggio senza occhi et non o lingua et grido
et bramo diperir et cheggio aita
& o in odio me stesso & amo altrui
pascomi di dolore piangendo rido
egualmente mi spiace morte & uita
in questo stato son donna per uoi

Q Val piu diuersa & noua
cosa fu mai in qual che stranio clima

quella se ben sextima
piu mi rassembra atal son giunto amore
la ondel di uen fore
uola uno augel che sol senza con sorte
diuolontaria morte
rinasce & tutto a uiuer si rinuoua
cosi sol si ritroua
lo mio uoler et cosi in sula cima
de suoi alti pensier al sol si uolue
& cosi si risolue
& cosi torna al suo stato diprima
arde & more & riprende enerui suoi
& uiue poi cholla fenice aproua
Una petra e si ardita
la per lindico mar che da natura
tragge a se el ferro el fura
da legno inguisa che nauigi affonde
questo prouio fra londe
damaro pianto che quel bello scoglio
a col suo duro argoglio
conducta oue affondar chon uien mia uita
cosi lalma ssornita
sutandol cor che fu gia cosa dura
& me tenne un cor son diuiso & sparso
un sasso atrar piu scarso
carne che ferro o cruda mia uentura
chen carne essendo ueggio trarmi a riua
aduna uiua dolce calamita
Nel extremo occidente
una fera & soaue & queta tanto

che nulla piu ma pianto
& doglia & morte dentra agliocchi porta
molto conuiene accorta
esser qual uista mai uer lei si giri
pur che gliocchi non miri
laltro puossi ueder securamente
ma io in cauto dolente
corro sempre almio male & so ben quanto
no sofferto & naspecto
ma longordo uolere che cieco & sordo
simi trasporta chel bel uiso sancto
& gliocchi uaghi fien cagion chio pera
di questa fera angelica innocente

S urge nel mezo giorno una fontana
& tien nome dal sole
che per natura sole
bollir le nocte en sul giorno esser fredda
& tanto si raffredda
quantol sol monta & quanto e piu da presso
cosi auiene ame stesso
che son fonte di lagrime & soggiorno
quandol bel lume adorno
chel mio sol salontana et triste & sole
son lemie luci & nocte obscura e loro
ardo allor ma se loro
ei rai ueggio apparir del uiuo sole
tutto dentro & di for sento cangiarme
& ghiaccio farme cosi freddo torno

V naltro fonte a epiro
di chui si scriue che sendo fredda ella

ogni spenta facella
accende & spegne qual trouase accesa
lanima mia choffesa
ancor non era da moroso foco
appressandosi un poco
a quella fredda chio sempre sospiro
arse tutta & martiro
simil giamai ne sol uide ne stella
chun cor di marmo apieta mosso aurebbe
poi chen fiammata lebbe
rispense lauertu gelata & bella
cosi piu uolte ilcor raccesso & spento
il so chel sento & spesso mena diro

F uor tutti nostri lidi
nellisole famose difortuna
due fonti a chi del luna
bee muor ridendo & chi dellaltra scampa
simil fortuna stampa
mia uita che morir porria ridendo
del gran piacer chio prendo
se nol temprassen dolorosi stridi
amor chancor mi guidi
pur alombra di fama occulta & bruna
taceren questa fonte chognor piena
ma con piu larga uena
ueggian quando col tauro il sol saduna
cosi gliocchi miei piangon dogni tempo
ma piu nel tempo che madonna uidi

C hispiasse canzona
quel chio tu poi dir sptto un gran saxo

in una chiusa ualle onde esce sorga
si sta ne chi loscorga
ue sen none amor che mai nõ lascia un passo
& limagine duna che lostrugge
che per se fugge tutte altre persone

Fiamma dal ciel su letue trecce pioua
maluagia che dal fiume & dale ghiande
per laltrui impouerir se riccha & grande
poi che di male oprar tanto ti gioua
nido di tradimenti in chui si coua
quanto mal per lomondo oggi si spande
di uin uiua lilletti & diuiu. inde
inebri luxuria fa lultima proua
Per le camere tue fanciulle & uecchi
uanno trescando & belzebub in mezzo
chon mantici & col foco & colli specchi
gia ti sen fustu nudrita in piume al rezzo
ma nuda al uento & scalza fra glistecchi
or uiui si cha dio ne uegna illezo

LAuia babilonia a colmo il sacco
dira di dio & di uizi impii & rei
ta   scoppia & a fa   suoi dei
non gioue o palla ma uenere & bacco
aspectando ragion mi struggo & fiacco
ma pur nouo soldan ueggio per lei
loqual fara non gia quandio uorrei
solo una sede & quella sia in baldacco
Gl idoli suoi saranno in terra sparsi

& letorre superbe alciel nimiche
e suoi corrier di fuor come dentro arsi
anime belle & diuertute amiche
terrannol mondo & poi uedren lui farsi
aureo tutto & pien dellopre antiche

Fontana di dolore albergo dira
sola derrori et tempio deresia
gia roma or babillonia falsa e ria
perchin tanto si piange & si sospira
o fucina dinganni o prigion dira
ouel ben more el mal sinudre & cria
di uiui inferno un gran miracol sia
se christo teco alfine non sa dira
Fondata in casta et humil pouertade
contra tuoi fondatori alzi le corna
putta sfacciata & doue ai posto spene
negli adulterii tuoi nele mal nate
richeze tante or constantin ho torna
ma tolgal mondo tristo chel sostene

Quanto piu desiose lali spando
uerso di uoi o dolce schiera amica
tanto fortuna con piu uisco in trica
il mio uolare & gir mi face errando
ilcor chamal suo grado atorno mando
e con uoi sempre in quella ualle aprica
ouel mar nostro piu laterra implica
laltrier dalui partimmi lagrimando
I daman manca e tenne il camin dricto

io tracto aforza & e damor scorto
egli in ierusalem & io in egitto
ma sofferenza e nel dolor conforto
che per longo uso e gia fra noi prescritto
il nostro essere insieme e raro et corto

A Mor che nel pensier mio uiue & regna
el suo seggio maggior nel mio cor tene
talor armato nella fronte uene
iui si loca & iui pon suo insegna
quella chamare & sofferir nen segna
& uuol chel gran desio laccesa spene
ragion uergogna & reuerenza affrene
di nostro ardir fra se stessa si sdegna
O nde amor pauentoso fugge al core
lasciando ogni sua impresa epiange & trema
iui sasconde & non appar piu fore
che possio far tenendo il mio signore
se non star seco in fino allora extrema
che bel fin fa chi bene amando more

C Ome talor alcaldo tempo sole
semplicetta farfalla allume auezza
uolar negliocchi altrui persu uaghezza
onde auien chella mor altri si dole
cosi sempre io corro al fatal mio sole
degliocchi onde miuien tanta dolcezza
chel fren della ragione amor non prezza
& chi discerne e uinto da che uole
E t ueggio ben quantelli aschiuo manno

& so ch'i ne morro ueracemente
che mia uertu non puo contra laffanno
ma si inabbaglia amor soauemente
ch'io piango laltrui noia & no'l mio danno
& ciecha al suo morir lalma consente

A lla dolce ombra delle belle frondi
corsi fuggendo un dispietato lume
che fin quagiu mardea dal terzo cielo
& disgombraua gia de neue e poggi
laura amorosa che rinoua il tempo
& fiori an perle piagge lerbe ei rami

N on uidel mondo si leggiadri rami
ne mossel uento mai li uerdi frondi
come ame simostrar quel primo tempo
tal che temendo de lardente lume
non uolsi al mio refugio ombra dipoggi
ma della pianta piu gradita incielo

V n lauro midifese allor dal cielo
onde piu uolte uago debei rami
dopo son gito per selue & per poggi
ne giamai ritrouai tronci ne frondi
tanti honorate dal superno lume
che non mutasse qualitate atempo

P ero piu fermo ognior ditempo intempo
seguendo oue chiamar mudia del cielo
& scorto da un soauo & chiaro lume
tornai sempre diuoto aprimi rami
& quando aterra son sparte le frondi
et quando il sol fa uerdeggiar i poggi

Selue saffi champagne fiumi e poggi
quanto e creato uince & cangia'l tempo
onde chieggio perdono a queste frondi
se riuolgendo poi moltanni ilcielo
fuggir dispos'i glin uescati rami
testo che io cominciai di ueder lume
Tanto mi piacque inprima el dolce lume
chi passai con dilecto assai gran poggi
per poter appressar gliamati rami
ora la uita breue elloco el tempo
mostrarmi altro sentier di gire al cielo
& di far fructo non pur fiori & frondi
Altro amor altre frondi & altro lume
altro salir alciel per altri poggi
cerco che ne ben tempo & altri armi

Quandio uodo parlar si dolcemente
come amor proprio asuoi seguaci instilla
laccesso mio desir tutto sfauilla
tal chenfiammar douria lanime spente
trouo la bella donna allor presente
ouunque mi fu mai dolce o tranquilla
nel habito del suon non daltra squilla
ma di sospiri mi fa destar souente
Lechiome allaura sparsi & lei conuersa
indietro ueggio & cosi bella riede
nel còr come colei che tien la chiaue
mal souerchio piacer che sattrauersa
alamia lingua qual dentro ella siede
di monstrarla in palese ardir non aue

NE cosi bello il sol giamai leuarsi
quandol ciel fusse piu di nebbia scarco
ne dopo pioggia uidi il celeste arco
per laere incolor tanti uariarsi
in quanti fiammeggiando trasformarsi
nel di chio prese lamoroso incarco
quel uiso al quale ei son nel mio dir parco
nulla cosa mortal potea aguagliarsi
I uidi amor che beglocchi uolgea
soaue si chognaltra uista obscura
da indi inqua micomincio apparere
sennuccio iluidi & larco che tendea
tal che mia uita poi non fu sicura
& e si uaga ancor del riuedere

POmmi ouel sole uccide e fiori & lerba
o doue uince lui il ghiaccio o la neue
pommi ouel carro suo temprato & leue
& oue e chi cel rende o chi cel serba
pommi in humil fortuna o in superba
al dolce aere sereno al fosco & greue
pommi ala nocte al di lungo & al breue
ala matura etate & alacerba
P ommi in cielo o dinterra o dinabisso
inalto poggio in ualle ima & palustre
libero spirto o dasuo io membri affisso
pommi con fama obscura o con illustre
saro qual fui uiuro chome son uisso
continuando il mio sospir triluſtre

O Dardente uirtute ornata & calda
　alma gentil cui tante carte uergo
o sol gia donestate intero albergo
torre in alto ualor fondata e salda
o fiamma o rose sparse in dolce falda
di uiua neue in chio mi specchio & tergo
o piacer onde lali albel uiso ergo
che luce soura quanti il sol nescalda
D el uostro nome semie rime intese
　fossin si lunge aurei pien tile & baetro
latana el nilo athlante olimpo & talpe
poi che portar nol posso in tutte equatro
parti delmondo udrallo il bel paese
chappennin parte el mar circumda et lalpe

Q Vandol uoler che conduo sproni ardenti
　& con un duro fren mimena & regge
trapassa ador ador lusata legge
per fare inparte imiei spirti contenti
troua chi lepaure & gliardimenti
del cor profondo nel lafronte legge
& uede amor che sue imprese corregge
folgorar neturbati occhi pungenti
O onde come colui chel colpo teme
　di gioue irato si ritragge in dietro
che gran temenza gran desire affrena
ma freddo foco & pauentosa speme
del lalma che tra luce come inuetro
talor suo dolce uista rasserena

NOn tesin po uaro arno adice & tebro
eufrate tigre nilo hemo indo & gange
tana histro alpheo garona el mar che frange
rodano hybero ren sena albia era hebro
non hedra abete pin faggio o genebro
porial foco allentar chel cor tristo ange
quantun bel rio chadognor meco piange
chon larbuscel chen rime orno & celebro
Questo un soccorso trouo tra gliassalti
da more oue conuien charmato uiua
lauita che trapassa asi gran salti
cosi crescal bel lauro infresca riua
et chil pianto pensier leggiadri et alti
nella dolce ombra al son delacque scriua

DI tempo intempo misifa men dura
langelica figura el dolce riso
& lacre del bel uiso
& degliocchi leggiadri meno obscura
Che fanno meco omai questi sospiri
che nascean didolore
& mostrauan difore
lamia angosciosa & disperata uita
sauen chel uolto inquella parte giri
per aquetar elcore
parmi uedere amore
mantener mia ragion et darmi aita
ne pero trouo ancor guerra finita
ne tranquillo ogni stato del cor mio
che piu mardel disio
quanto piu lasperanza massicura

Che fai alma che pensi auren mai pace
auren mai tregua o auren guerra eterna
che fia di noi non so man quel chio scerna
a suoi begliocchi il mal nostro non piace
che pro se con quegli occhi ella ne face
di state un ghiaccio un foco quando inuerna
ella no mai colui che gli gouerna
questo che a noi sella l'eluede & tace
Talor tace la lingua el cor si lagna
adalta uoce inuista asciutta & lieta
piange doue mirando altri nol uede
pertutto cio lamente non sacqueta
rompendo il duol chen lei saccoglie & stagna
cha gran speranza huom misero non crede

NOn datra & tempestosa onda marina
fuggi inporto giamai stanco nochiero
com'io dal fosco & torbido pensero
fuggo ouel gran desio misprona en china
ne mortal uista mai luce diuina
uinse come la mia quel raggio altero
del bel dolce soaue bianco & nero
in che i suoi strali amor dora et affina
Cicco non gia ma faretrato il ueggio
nudo sennon quanto uergogna iluela
garzon con ali non pinto ma uiuo
indi mi mostra quel cha molti cela
chapparte aparte entro begliocchi leggio
quantio parlo damore et quantio scriuo

Questa humil fera uncor di tigre o dorsa
chen uista humana en forma dangel uene
in riso en pianto fra paura & spene
mirota si chogni mio stato in forsa
sen brieue non miaccoglie o non mi smorsa
ma pnr come suol far fra due mi tene
per quel chio sento alcor gia fra leuene
dolce ueneno amor mia uita e corsa
Non po piu lauirtu fragil & stanca
tante uarietati omai soffrire
chen nun punto arde aghiaccia arrossa en biaca
fuggendo spera esuo dolor finire
come colei che dora in ora manca
che ben po nulla chi non po morire

Ite caldi sospiri al freddo core
rompete il ghiaccio che pieta contende
& se prego mortale al ciel sintende
morte o merce sia fine al mio dolore
ite dolci penser parlando fore
di quello ouel bel guardo non sextende
se pur sua asprezza o mia stella noffende
saren fuor di speranza & fuor derrore
Dir se po ben per uoi non forse apieno
chel nostro stato e inquieto & fosco
si comel suo pacifico & sereno
gite securi omai chamor uen uosco
& ria fortuna po ben uenir meno
sai segni del mio sol laere conosco

Le stelle il cielo & glielementi aproua
tutte lor arti & ogni extrema cura
poser nel uiuo lume in chui natura
sispecchia el sol chaltroue par non troua
Iopra e si altera si leggiadra & noua
che mortal guardo in lei non sassicura
tanta ne gliocchi bie for di misura
par chamore & dolcezza & gratia pioua
L aere percosso da lor dolci rai
sin fiamma donestate & tal diuenta
chel dir nostro elpenser uince dassai
basso desir non e chiui si senta
ma donor diuirtute or quando mai
fu per somma belta uil uoglia spenta

Non fur mai gioue o cesare si mossi
a fulminar colui questo a ferire
che pieta non auesse spente lire
& lor de lusate arme ambe duo scossi
piangea madonna el mio signor chi fossi
uolse auederla e suoi lamenti audire
per colmarmi di doglia & di desire
& recercarmi lemedolle & gliossi
Quel dolce pianto midepinse amore
anzi scolpio & quedecti soaui
miscripse entro un diamante inmezol core
oue con salde e dingegnose chiaui
ancor torna souente atrarne fore
lagrime rare & sospir lunghi & graui

I Vidi in terra angelici costumi
& celeste bellezze al mondo sole
tal che di rimembrar mi gioua et dole
che quantio miro par sogni ombre et fumi
& uidi lagrimar que duo bei lumi
chan facto mille uolte inuidia al sole
& udi sospirando dir parole
che farian gire imonti et stare ifiumi
A mor senno ualor pietate et doglia
facean piangendo un piu dolce concento
dognaltro che nel mondo udir si soglia
& era ilcielo alarmonia si intento
che non se uedea in ramo mouer foglia
tanta dolcezza auea pien laere el uento

Q Vel sempre acerbo & honorato giorno
mando si al cor limagine sua uiua
chengegno ostil non fia mai chel descriua
ma spesso allui cola memoria torno
lacto dogni gentil pietate adorno
el dolce amar lamentar chio udiua
facean dubbiar se mortal donna o diua
fosse chel ciel rasserenaua intorno
L a testa or fine & calda neue il uolto
ebeno icigli & gliocchi eran duo stelle
onde amor larco nō tendeua in fallo
perle & rose uermiglie oue laccolto
dolor formaua ardenti uoci & belle
fiamma isospiri le lagrime cristallo

O Ve chi posi gliocchi lassi ogiri
per quetar lauaghezza che gli spinge
trouo chi bella donna iui depinge
per far sempre mai uerdi imiei desiri
chon leggiadro dolor par chella spiri
alta pieta che gentil core stringe
oltra la uista agliorecchi en finge
suo uoci uiue & suoi sancti sospiri
A mor el uer fur meco a dir che quelle
chi uidi eran bellezze almondo sole
mai non uidute piu sotto le stelle
ne si pietose & si dolci parole
sudiron mai ne lagrime si belle
di si begliocchi uscir mai uidel sole

I N qual parte del ciel in quale idea
era lexempio onde natura tolse
quel bel uiso leggiadro in chella uolse
monstrar qua giu quanto lassu potea
qual nimfa infonti in selue mai qual dea
chiome doro si fino alaura sciolse
quando un cor tante in se uirtuti accolse
ben chella somma e dimia morte rea
P er diuina bellezza indarno mira
chi gliocchi di costei gia mai non uide
come soauemente ella gligira
non sa come amor sana & come ancide
chi non sa come dolce ella sospira
& come dolce parla & dolce ride

AMore & io si pien di merauiglia
 come chi mai cosa incredibil uide
 mirian costei quandella parla o ride
 che sol se stessa & nullaltra simiglia
 dal bel seren delle tranquille ciglia
 ssauillan si le mie due stelle side
 chaltro lume non e chinfiamma & guide
 chi damor altamente si consiglia
Qual miracolo e quel quando fra lerba
 quasi un fior siede ouer quandella preme
 col suo candido seno un uerde cespo
 qual dolcezza e nella stagione acerba
 uederla ir sola cho pensier suoi inseme
 tessendo un cerchio alloro terso & crespo

O Passi sparsi o pensier uaghi & pronti
 o tenace memoria o sero ardore
 o possente desir o debil core
 o occhi miei occhi non gia ma fonti
 o fronde honor delle famose fronti
 o sola insegna al gemino ualore
 o faticosa uita o dolce errore
 che mi fate ir cercando piagge e monti
O bel uiso oue amore inseme pose
 gli sproni el fren ondel mi punge & uolue
 come allui piace & calcitrar non uale
 o anime gentili & amorose
 salcuna e almodo & uoi nude ôbre et polue
 de restate aueder qual e elmio male

Lieti fiori & felici & ben nate herbe
che madonna penſando premer ſole
piaggia chaſcolti ſuo dolci parole
& del bel piede alchun ueſtigio ſerbe
ſchietti arbuſcegli & uerdi frondi acerbe
amoroſette & pallide uiole
ombroſe ſelue oue percoteil ſole
che uiſa cho ſuo raggi alte & ſuperbe
O ſoaue contrada o puro fiume
che bagni il ſuo bel uiſo & gliocchi chiari
& prendi qualita dal uiuo lume
quanto uinuidio gliacti honeſti & cari
non fia in uoi ſcoglio omai che per coſtume
darder chola mia fiamma non in pari

AMor che uedi ogni penſier aperto
ei duri paſſi onde tu ſol miſcorgi
nel fondo del mio cor gliocchi tuo porgi
ate paleſe a tutti altri couerto
ſai quel che perſeguir te o gia ſoferto
& tu pur uia dipoggio inpoggio ſorgi
digiorno in giorno & dime non taccorgi
chi ſon ſi ſtanco el ſentier me tropo certo
Ben ueggio io dilontano il dolce lume
oue per aſpre uie mi ſproni & giri
ma non o come tu da uolar piume
aſſai contenti laſci imici deſiri
pur che ben diſiando imiconſume
ne ledifpiaccia che per lei ſoſpiri

OR chel ciel & la terra el uento tace
& le fiere et ghaugegli el fonno affrena
nocte el carro ftellato ingiro mena
& nel fuo lecto elmar fenza onda giace
ueghio penfo ardo piango & chi misface
fempre me innanzi per mia dolce pena
guerra e elmio ftato dira e diduol piena
& fol dilei penfando o qualche pace
Cofi fol duna chiara fonte uiua
mouel dolce & lamaro ondio mipafco
una man fola mirifana & punge
& per chel mio martir non giunga ariua
mille uolte eldi moro & mille nafco
tanto dala falute mia fon lunge

COmel candido pie perlerba frefca
i dolci paffi honeftamente moue
uertu chen torno ifiori apre & rinoue
dele tenere piante fue par chefca
amor che folo ilcor leggiadri inuefca
ne degna di prouar fuo forze altroue
da begliocchi unpiacer fi caldo pioue
chio nõ curo altro ben ne oramo altra efca
Et con landar & col foaue fguardo
faccordan le dolciffime parole
& lacto manfueto humile & tardo
dita quattro fauille & non gia fole
nafcel gran foco di chio uiuo & ardo
che fon facto uno augel nocturno al fole

SI fusse stato fermo ala spelunca
la doue appollo diuento profeta
fiorenza auria forse oggi il suo poeta
non pur uerona & mantoua & arunca
ma per chel mio terren piu non singiunca
dellumor di quel saxo altro pianeta
conuien chi segua & del mio campo mieta
lappole & stecchi colla falce adunca
Luliua & seccha et e riuolta altroue
lacqua che diparnaso si deriua
per chui in alcun tempo ella fioriua
cosi suentura ouer colpa mi priua
dogni buon fructo se leterno gioue
della sua gratia sopra me non pioue

QVando amor ibegliocchi atterra inchina
e iuaghi spirti inun sospiro accoglie
colle suoi mani & poi in uoce gliscioglie
chiara soaue angelica diuina
sento far del mio cor dolce rapina
& si dentro cangiar pensieri & uoglie
chi dico or fien di me lultime spoglie
sel ciel si honesta morte mi destina
Mal suon che didolcezza isensi lega
col gran desir dudendo esser beata
lanima aldipartir presta raffrena
cosi miuiuo & cosi auolge & spiega
lostame della uita che me data
questa sola fra noi del ciel sirena

AMor mi manda quel dolce penſero
che ſecretario antico e fra noi due
& mi conforta & dice che non fue
mai como or preſto a quel chio bramo et ſpero
io che talor menzogna & talor uero
o ritrouato le parole ſue
non ſo ſilcreda et uiuomi intra due
ne ſi ne no nel cor miſona intero
In queſta paſſal tempo et nello ſpecchio
miueggio andar uer laſtagion contraria
aſua impromeſſa et alamia ſperanza
or ſia che po gia ſol io non inuecchio
gia per etate il mio deſir non uaria
ben temo il uiuer breue che nauanza

Plen dun uago penſer che me deſuia
da tutti ghaltri & fammi al mondo ir ſolo
ad ora dora a me ſteſſo min uolo
pur lei cercando che fuggir deuria
& ueggiola paſſar ſi dolce & ria
che lalma trema per leuarſi auolo
tal darmati ſoſpir conduce ſtuolo
queſta bella damor nimica & mia
Ben ſi non erro dipietate un raggio
ſcorgo fral nubiloſo altero ciglio
chen parte raſſerena il cor doglioſo
allor raccolgo lalma & poi chio aggio
diſcourirle ilmio mal preſo conſiglio
tanto glio a dir chen cominciar non oſo

Piu uolte gia dal bel sembiante humano
o preso ardir cholle mie fide scorte
dassalir chonparole honeste accorte
lamia nimica inacto humile & piano
fanno poi gliocchi suoi miei pensier uano
per cogni mia fortuna ogni mia sorte
mio ben mio mal et mia uita et mia morte
quel che solo ilpo far la posto in mano
Ondio non pote mai formar parola
chaltro che da me stesso fosse intesa
cosi ma facto amor tremante & fioco
& ueggior ben che caritate accesa
lega lalingua altrui glispirti inuola
chi puo dir comegli arde inpicciol foco

Giunto ma amor fra belle & crude braccia
che mancidono a torto et sio midoglio
doppial martir onde pur comio soglio
il meglio e chio mimora amando & taccia
che poria questa il ren qualor piu aghiaccia
arder cl ò gliocchi & rōpre ogni aspro scoglio
& a si egual alle bellezze orgoglio
che di piacer altrui par che le spiaccia
Nulla posso leuar io per mio ingegno
del bel diamante ondella il cor si duro
laltro e dun marmo che si moua & spiri
ne della a me per tuttol suo disdegno
torra giamai ne per sembiante obscuro
lemie speranze ci mei dolci sospiri

O In uidia inimica diuirtute
chabe principi uolentier contrafti
per qual fentier cofi tacita intrafti
in quel bel pecto et con qual arte ilmute
da radice nai fuelta mia falute
troppo felice amante mi moftrafti
a quella che miei preghi humili & cafti
gradi alchun tempo or par chodi et refute
N e pero che con acti acerbi e rei
del mio ben pianga et del mio pianger rida
porria cangiar fol un de penfier mei
non perche mille uolte ildi mancida
fia chio non lami et chi non fperi in lei
che fella mifpauenta amor maffida

M Irandol fole de begliocchi fereno
oue e chi fpeffo imiei depinge & bagna
dal cor lanima ftanca fifcompagna
per gir nel paradifo fuo terreno
poi trouandol di dolce & damar pieno
quantalmondo fi teffe opra diragna
uede onde feco & con amor filagna
cha fi caldi glifpron fi durol freno
P er quefti extremi duo contrari et mifti
hor chon uoglie gelate or chon accefe
ftaffi cofi fra mifera & felice
ma pochi lieti & molti penfier trifti
el piu fi pente de lardite inprefe
tal fructo nafce dicotal radice

FEra stella sel cielo a forza in noi
   quantalchun crede fu sotto chio nacqui
& fera chuna doue nato giacqui
& fera terra oue ipie mossi poi
& fera donna che con gliocchi suoi
& con larco achui sol per segno piacqui
se la piaga onde amor teco non tacqui
che con quellarmi risaldar la poi
Ma tu prendi a dilecto idolor miei
   ella non gia per che non son piu duri
el colpo e di saetta et non dispiedo
pur mi consola che languir per lei
meglio e che gioir daltra et tu melgiuri
per lorato tuo strale et io tel credo

QVando miuene in nanzi iltempo el loco
   oui perdei me stesso el caro nodo
onde amor di sua man mauinse inmodo
che lamar mise dolce el pianger gioco
solfo & esca son tutto el cor un foco
da quei soaui spirti iquai sempre odo
acceso dentro si chardendo godo
& di cio uiuo & daltro mi cal poco
Quel sol che solo a gliocchi mei resplende
   choi uaghi raggi ancor indi miscalda
auespero tal qualera oggi per tempo
et cosi dilontan malluma en cende
che lamemoria adognor fresca e salda
pur quel nodo mimostra el loco el tempo

PEr mezi iboschi inospiti & seluaggi
  onde uanno agran rischio huomini et arme
uo sichuro io che non puo spauentarme
altri chel sol cha damor uiuo iraggi
et uo cantando o penser miei non saggi
lei chel ciel non poria lontana farme
chi lo neggliocchi & ueder seco parme
donne & donzelle & sono abeti & faggi
Parmi dudirla udendo irami & lore
et le frondi et gliaugei lagnarsi & lacque
mormorando fuggire per lerba uerde
raro un silentio un solitario horrore
dombrosa selua mai tanto mipiacque
se non che del mio sol troppo si perde

MIlle piagge in un giorno et mille riui
  monstrato ma per la famosa ardenna
amor cha suoi lepiante ei cori impenna
per fargli alterzo ciel uolando ir uiui
dolce me sol senzarme esser stato iui
doue armato fier marte et non accenna
quasi senza gouerno et senza antenna
legno in mar pien dipenser graui & schiui
ur giunto al fin dela giornata obscura
rimembrando ondio uegno et conquai piume
sento ditroppo ardir nascer paura
mal bel paese et dilectoso fiume
chon serena accoglienza rassicura
il cor gia uolto oue habital suo lume

AMor misprona in un tempo & affrena
assecura & spauenta arde & aghiaccia
gradisce et sdegna a se michiama e scaccia
or mitene in speranza & or in pena
or alto or basso il mio cor lasso mena
ondel uago desir perde latraccia
el suo sommo piacer par chegli spiaccia
derrore si nuouo lamia mente e piena
Vn amico penser le mostra il uado
non dacqua che per gliocchi si risolua
da gir tosto oue spera esser contenta
poi quasi maggior forza indi la suolua
chonuien chaltra uia segua a mal suo grado
ala sua longa & mia morte consenta

GEri quando talor meco sa dira
lamia dolce nimica che si altera
un conforto me dato chio non pera
solo per chui uertu lalma respira
ouunque ella sdegnando gliocchi gira
che di luce priuar mia uita spera
le mostro imiei pien dumilta si uera
cha forza ogni suo sdegno indietro tira
Se cio non fusse andrei non altramente
aueder lei chel uolto di medusa
che facea marmo diuentar lagente
cosi dunque fa tu chio ueggio exclusa
ognialtra aita el fuggir ual nietne
dinanzi a lali chel signor nostro usa

PO ben puo tu portartene la scorza
di me con tue possenti & rapide onde
ma lospirto chiuentro sinasconde
non cura ne dituane daltrui forza
loqual senza alternare poggia chon orza
dritto per laure al suo desir seconde
battendo lali uerso laurea fronde
lacqua el uento & la uela e remi sforza
Re deglialtri superbo altiero fiume
chen contril sole quando e nemenal giorno
en ponente abbandoni un piu bel lume
tu teneuai col mio mortal sul corno
laltro couerto damorose piume
torna uolando al suo dolce soggiorno

AMor fra lerbe una leggiadra rete
doro & di perle tese sotto un ramo
dellarbor sempre uerde chi tantamo
ben che nabbia ombre piu triste che liete
lesca ful seme chegli sparge et miete
dolce & acerbo chio pauento et bramo
le nocti non fur mai dal di chadamo
aperse gliocchi si soaui & quete
El chiaro lume che sparir fal sole
folgoraua dintorno elfune auolto
era allamano chauorio & neue auanza
cosi caddi alla rete & qui man colto
gliacti uagli et langeliche parole
el piacer el desire & lasperanza

Amor chencende il cor dardente zelo
digelata paura ilten constretto
et qual sia piu fa dubbio a lintellecto
lasperanza ol temor la fiama ol gielo
tremal piu caldo ardal piu freddo cielo
sempre pien di desire & di sospecto
pur come donna in un uestire schiesto.
celi un huom uiuo o sotto un picciol uelo

Di queste pene e mia propria laprima
arder di & nocte & quanto il dolce male
nen penser cape non che uersi on rima
laltra non gia chel mio bel foco e tale
chogni huom pareggia & del suo lume icima
chi uolar pensa in darno spiega lale

SEl dolce sguardo di costei mancide
et lesoaui parolette accorte
et samor sopra me la fa si forte
sol quando parla ouer quando sorride
lasso che fia se forse ella diuide
o per mia colpa opermaluagia sorte
gliocchi suoi da merce si che di morte
la doucor massicura allor misside

Pero si tremo et uo col cor gelato
qualor ueggio cangiata suo figura
questo temer dantiche proue e nato
femina e cosa mobil per natura
ondio so benchun amoroso stato
in cor di donna picciol tempo dura

AMor natura et labellalma humile
ouogni alta uertute alberga & regna
contra me son giurati amor singegna
chi mora affacto en cio segue suo stile
natura tien costei dun si gentile
laccio che nullo sforzo e che sostegna
ella e si schiua chabitar non degna
piu nella uita faticosa & uile
Cosi lospirto dor in or uien meno
aquelle belle care membra honeste
che specchio eran diuera leggiadria
et se amorte pieta non stringel freno
lasso ben ueggio in che stato son queste
uane speranze ondio iuuer solia

QVesta fenice de laurata piuma
al suo bel collo candido gentile
forma senzarte un si caro monile
chogni cor adolcisce el mio consuma
forma un diadema natural che alluma
laer dintorno el tacito focile
damor tragge indi un liquido sottile
foco che marde alla piu algēte bruma
Purpurea ueste dun ceruleo lembo
sparso di rose ibegli omeri uela
nouo habito & bellezza unica & sola
fama nel odorato & ricco grembo
darabi monti lei ripone & cela
che per lo nostro ciel si altera uola

SE Virgilio & homero aueſſin uiſto
quel ſole il qual ueggio cogliocchi miei
tutte lor forze in dar fama acoſtei
aurien poſto & lun ſtil chon laltro miſto
di che farebbe enea turbato & triſto
achille ulixe & glialtri ſemidei
& quel che reſſe anni cinquantaſei
ſi bene il mondo & quel chanciſe egiſto

Quel fiore antico diuertute & darme
come ſembiante ſtella ebbe con queſto
nouo fior doneſtate & dibellezze
ennio di quel canto ruuido carme
di queſtaltro io & o pur non moleſto
gliſia ilmio ingegno el mio lodar nõ ſprezze

GIVnto alexandro ala famoſa tomba
del fero achille ſoſpirando diſſe
o fortunato che ſi chiara tromba
trouaſti & chi di te ſi alto ſcriſſe
ma queſta pura & candida colõba
a chui non ſo ſalmondo mai paruiſſe
nelmio ſtil frale aſſai poco rimbõba
coſi ſon le ſue ſorte aciaſchũ fiſſe

Che domero digniſſima & dorfeo
o e del paſtor chancor mantoua honora
chandaſſen ſempre lei ſola cantando
ſtella difforme & fato ſol qui reo
comiſe a tal chel ſuo bel nome adora
ma forſe ſcema ſue lode parlando

Almo sol quella fronde chio sol amo
tu prima amasti or sola al bel soggiorno
uerdeggia & senza par poi che laddorno
suo male & nostro uide inprima adamo
stiamo amirarla iti pur prego & chiamo
o sole & tu pur fuggi & fai dintorno
ombrare ipoggi & teneporti il giorno
et fuggendo mitoi quel chio piu bramo
L ombra che cade da quel humil colle
oue ssauilla ilmio soaue foco
ouel gran lauro fu picciola uerga
crescendo mentrio parlo agliocchi tollo
la dolce uista del beato loco
ouel mio cor cola sua donna alberga

Passa la naue mia colma doblio
per aspro mare ameza nocte il uerno
infra scilla & caribdi & al gouerno
si edel signore anzil nimico mio
aciaschun un remo penser pronto & rio
che la tempesta el fin par chabbia aschermo
lauela rompe un uento humido eterno
disospir di speranze & di desio
P ioggia di lagrimar nebbia disdegni
bagna & ralenta legia stanche sarte
che son derror choignorantia atorto
celansi iduo miei dolci usati segni
morta fra londe e laragion & larte
tal chincomincio a disperar del porto

VNa candida cerua sopra lerba
uerde mapparue con duo corna doro
fra due riuiere allombra duno alloro
leuandol sole ala stagione acerba
era sua uista si dolce e superba
chi lasciai per seguirla ogni lauoro
come lauaro chen cercar thesoro
chon diletto laffanno disacerba
Nessun mitocchi al bel collo dintorno
scripto auea di diamanti & di topazi
libera farmi al mio cesare parue
et eral i sol gia uolto al mezzo giorno
gliocchi miei stanchi di mirar non sazi
quandio caddi nellacqua et ella sparue

SI come eterna uita é ueder dio
ne piu si brama ne bramar piu lice
cosi me donna i uoi ueder felice
fa in questo breue & fraile uiuer mio
ne uoi stessa comor bella uidio
giamai se uero al cor locchio ridice
dolce del mio penser hora beatrice
che uince ognialtra speme ogni desio
Et se non fosse il suo fuggir si ratto
piu non domanderei che salcun uiue
sol dodore & tal fama fede aquista
al chun dacqua o difoco el gusto el tacto
aquetan cose dogni dolzor priue
i per che non dela uostra alma uista

S Tiamo amor aueder la gloria nostra
cose sopra natura altere & noue
uedi ben quanta in lei dolceza pioue
uedi lume chel cielo in terra mostra
uedi quantarte dora imperla enostra
labito electo & mai non uisto altroue
che dolcemente ipiedi & gliocchi moue
per questa de bei colli ombrosa chiostra
L erbetta uerde ei fior di color mille
sparsi sotto quel elce antiqua & negra
pregan pur chel bel pie li prema o tocchi
elciel di uaghe & lucide fauille
saccende in torno en uista si rallegra
desser facto seren da si begliocchi

PAsco lamente dun si nobil cibo
chambrosia & nectar non inuidio agioue
che sol mitando oblio nel alma pioue
dogni altro dolce & lethe alfondo bibo
talor chodo dir cose en cor describo
per che da sospirar sempre ritroue
rapto perman damor ne so ben doue
doppia dolcezza in un uolto delibo
C he quella uoce in fino alciel gradita
suona in parole si leggiadre & care
che pensar nol poria chi non laudita
alor inseme in men dun palmo appare
uisibilmente quanto in questa uita
arte ingegno natura el ciel po fare

LAura gentil che rafferena ipoggi
deftando ifiori per quefto ombrofo bofco
al foaue fuo fpirto iriconofco
per chui chonuen chen pena en fama poggi
per ritrouare ouel cor laffo appoggi
fuggo dal mio natio dolce aer tofco
per far lume alpenfer torbido & fofco
cercol mio fole & fpero uederlo oggi
Nel qual prouo dolcezze tante & tali
chamor per forza allui miriconduce
poi fi mabbaglia chel fuggir me tardo
io chiederei afcampar non armi anzi ali
ma perirmi dalciel per quefta luce
che da lungi miftruggo & da preffo ardo

DI di in di uo cangiando il uifo el pelo
ne pero fmorfo idolci inefcati hami
ne fbranco iuerdi & in uefcati rami
delarbor che ne fol cura ne gielo
fenza acqua il mare & fenza ftelle il cielo
fia inanzi chi non fempre tema et brami
la fua belombra & chio non odi & ami
lalta piaga amorofa che mal celo
Non fpero del mio affanno auer mai pofa
infin chi mi difoffo & fneruo & fpolpo
o la nimica mia pieta nauefle
effer puo inprima ogni impoffibil cofa
chaltri che morte odella fanil colpo
chamor chofuoi begliocchi alcor mimpreffe

L Aura serena che fra uerdi fronde
mormorando a ferir nel uolto uiemme
fammi risouenir quando amor diemme
le prime piaghe si dolci profonde
el bel uiso ueder chaltri masconde
che degno o gelosia celato tiemme
et lechiome ora auolte in perle en gemme
allora sciolte & soura or terso bionde
L e quali ella spargea si dolcemente
& raccoglieua con si leggiadri modi
cheripensando ancor trema lamente
torsele il tempo poi in piu saldi nodi
& strinsel cor dun laccio si possente
che morte sola fia chindi losnodi

L Aura celeste chen quel uerde lauro
spira oue amor feri nel fianco apollo
& ame pose un dolce giogo al collo
tal che mia liberta tardi restauro
po quello in me che nel gran uecchio mauro
medusa quando infelce trasformollo
ne posso dal bel nodo omai dar crollo
laue il sol perde non pur lambra o lauro
D ico le chiome bionde el crespo laccio
che si soauemente lega & stringe
lalma che dumiltate & non daltro armo
lombra sua sola fal mio core unghiaccio
& di bianca paura il uiso tinge
ma gliocchi anno uertu di farne un marmo

L Aura soaue al sole spiega & uibra
lauro chamor disuo man fila & tesse
la da beglnocchi & dale chiome stesse
legal cor lasso cheui spirti cribra
non o midolla in osso o sangue in fibra
chi non senta tremar pur chi mappresse
doue e chi morte & uita inseme spesse
uolte in frale bilancia appende & libra
V edendo ardere ilumi ondio maccendo
& folgorare i nodi ondio son preso
or su lomero dextro & hor sul manco
io nol posso ridir che nol comprendo
da tal duo luci e lintellecto offeso
& di tanta dolcezza oppresso & stanco

A I bella man che midestringil core
en poco spacio la mia uita chiudi
man o uogni arte & tutti loro studi
poser natura el ciel per farsi honore
di cinque perle oriental colore
& sol nele mie piaghe acerbi & crudi
diti schietti soaui atempo ignudi
consente or uoi per arrichirmi amore
C andido leggiadretto & caro guanto
che copria netto auorio & fresche rose
chi uide al mondo mai si dolci spoglie
cosi auessio del bel uelo altretttanto
o in constantia delumane cose
pur questo e furto & uien chimene spoglie

Non pur quel luna bella ignuda mano
che con graue mio danno si riueste
ma laltra & le duo braccia accorte & preste
son astringere il cor timido & piano
lacci amor mille & nessun tende in uano
fra quelle uaghe noue forme honeste
cha dornan si lalto habito celeste
chaggiugner nol puo stil nengegno humano
Gliocchi sereni & le stellanti ciglia
la bella bocca angelica diperle
piena di rose & didolci parole
che fanno altrui tremar di marauiglia
& la fronte & lechiome chauederle
distate a mezzo di uincono il sole

Mia uentura & amor maucan si adorno
dun bello aurato & serico trapunto
chal sommo del mio ben quasi era giunto
pensando meco achi fu questi intorno
ne miriede alamente mai quel giorno
che mise ricco & pouero in un punto
chi non sia dira & didolor compunto
pien diuergogna & damoroso scorno
Che lamia nobil preda non piu stretta
tenni albisogno & non fui piu constante
contrallo sforzo sol duna angioletta
o fuggendo ale non giunsi alepiante
per fare almen di quella man uendecta
che degliocchi mitrahe lagrime tante

Dun bel chiaro pulito & uiuo ghiaccio
moue la fiamma che mincende & strugge
& si leuene elcor masciuga & sugge
che inuisibil mente i midisfaccio
morte gia perferir alzato a ilbraccio
come irato ciel tona o leon rugge
ua perseguendo mia uita che fugge
& io pien de paura tremo & taccio
Ben porria ancor pieta con amor mista
per sostegno di me doppia colonna
porsi fra lalma stanca el mortal colpo
ma io nol credo nel conosco in uista
di quella dolce mia nimica & donna
ne dicio lei ma mia uentura incolpo.

Lasso chi ardo & altri non mel crede
si crede ogni huom se non sola colei
che so progni altra & chio sola uorrei
ella non par chel creda & si sel uede
infinita bellezza & poca fede
non uedete uoi il cor negliocchi mei
se non fusse mia stella i pur dourei
alfonte di pieta trouar mercede
Questo arder mio di che uical si poco
ei uostri honori in mie rime diffusi
ne porrian infiammar forse ancor mille
chi ueggio nel pensier dolce mio foco
fredda mia lingua & duo begliocchi chiusi
rimaner dopo noi pien di fauille

ANima che diuerse cose & tante
uedi odi leggi parli & scriui & pensi
occhi mei uaghi & tu fra glialtri sensi
che scorgi alcor lalte parole sancte
per quanto non uorresti o poscia odiante
esser giunti alcammin che si mal tiensi
per non trouarui iduo beilumi accensi
ne lorme impresse dalamate piante
Or chon si chiara luce & con tai segni
errar non desi in quel breue uiaggio
che ne po far deterno albergo degni
sforzati alcielo o mio stanco coraggio
per la nebbia entro de suoi dolci sdegni
seguendo i passi honesti el diuo raggio

DOlci ire dolci sdegni & dolci paci
dolce mal dolce affanno & dolce peso
dolce parlare & dolcemente inteso
or didolce ora or pien didolci faci
alma non ti lagnar ma soffra & taci
& tempra il dolce amaro che ma offeso
col dolce honor che damar quello ai preso
a chui io dissi tu sola mipiaci
Forse ancor fia chi sospirando dica
tinto di dolce inuidia assai sostenne
per bellissimo amor questi al suo tempo
altro o fortuna agliocchi mei nimica·
per che non lauidio per che non uenne
ella piu tardi ouero io piu per tempo

S Il dissi mai chi uenga in odio a quella
del cui amor uiuo & senzal qual morrei
sil dissi che miei di sian pochi & rei
& diuil signoria lanima ancella
sil dissi contra me sarmi ogni stella
& dal mio lato sia
paura & gelosia
& lanimica mia
piu feroce uer me sempre & piu bella
S il dissi amor laurate sue quadrella
spenda in me tutte & lenpiombate in lei
sil dissi cielo & terra huomini & dei
misien contrarii & essa ognor piu fella
sil dissi chi con sua cieca facella
dritto a morte nen uia
P ur come suol sistia
ne mai piu dolce o pia
uerme si mostri inacto odin fauella
S il dissi mai di quel chi men uorrei
piena troui questa aspra & breue uita
sil dissi il fero ardor che mi desiua
cresca in me quanto il fier ghiaccio in lei
sil dissi unqua non ueggian gliocchi mei
sol chiaro o sua sorella
ne donna ne donzella
ma terribil procella
qual faraone in perseguir gliebrei
S il dissi choi sospir quanto mai fei
sia pieta per me morta & cortesia
sil dissi el dir sin naspri che sudia

sì dolce allor che uinto mi rendei
sìl dissi io spiaccia'a cquella chi torrei
sol chiuso in fosca cella
dal dì che la mamella
lasciai fin che sisuella
da me lalma adorar forsel farei
Ma sio nol dissi chi sì dolce apria
mio cor a speme neleta nouella
regha ancor questa stanca nauicella
col gouerno desua pieta natia
ne diuenti altra ma pur qual solia
quando piu non potei
che me stesso perdei
ne piu perder dourei
mal fa chi tanta fe sì tosto oblia
o nol dissi giamai ne dir poria
per oro o per cittadi o p castella
uincal uer dunque & sì rimanga in sella
et uinta aterra chaggia la bugia
tu sai inme il tutto amor sella ne spia
di me quel che dir dei
i beato direi
tre uolte & quattro & sei
chi douendo languir sì mori pria
er rachel o seruito & non p lia
ne con altra saprei
uiuere & sosterrei
quandol ciel ne rappella
gir men conella in sul carro delia

B En mi credea passar mio tempo o mai
come passato auea questi anni adietro
senzaltro studio & senza noui ingegni
or poi che damadonna io non impetro
lusata aita a che condocto mai
tul uedi amor che tale arte minsegni
non so si mene sdegni
chen questa eta mifai diuenir ladro
del bel lume leggiadro
senza qual non niurei in tanti affanni
cosi auessio i primi anni
preso lostil chor prender mi bisogna
chen giouinil fallire e men uergogna
G liocchi soaui ondio soglio auer uita
delle diuine lor alte belezze
furmi insul cominciar tanto cortesi
chen guisa duom chui non proprie richezze
ma celato difor soccorso aita
uissimi che ne lor ne altri offesi
hor ben cha me ne pesi
diuento ingiurioso & importuno
chel pouerel di giuno
uiene adacto talor che inmiglior stato
auria in altrui biasmato
se leman di pieta in uidia ma chiuse
fame amorosa el non poter miscuse
C hio cercate gia uie piu di mille
per prouar senza lor se mortal cosa
mipotesset encre in uita un giorno
lanima poi chaltroue non a posa

corre pur allangeliche fauille
& io che son dicera al foco torno.
& pongo mente intorno
oue si fa men guardia aquel chio bramo.
& come augello in ramo
oue men teme iui piu tosto e colto
cosi dal suo bel uolto
lin uolo or uno & or unaltro sguardo
& di cio in sieme minutrico & ardo.
Di mia morte mi pasco & uiuo in fiamme
stranio cibo & mirabil salamandra
ma miracol non e da tal si uole
felice agnello alla penosa mandra
migiacqui un tempo or alextremo famme
fortuna & amor pur come sole
cosi rose & uiole
aprimauera el uerno a neue & ghiaccio
pero simi procaccio
quinci & quindi alimenti al uiuer corto
se uol dir che sia furto
si riccha donna deue esser contenta
saltri uiue del suo chella nol senta
Chi nol sa di che io uiuo & uissi sempre
dal di che prima que begliocchi uidi
che mifecer cangiar uita & costume
per cercar terra & mar da tutti ilidi
chi po sauer tutte lumane tempre
lun uiue ecco dodor la sul grã fiume
io qui di foco & lume
queto ifrali & famelici miei spirti

 amore & uo ben dirti
disconuiensi asignor lesser si parco
tu ai listrali & larco
fa di tuo man non pur bramandio mora
chun bel morir tutta lauita honora
C hiusa fiamma e piu ardente & sepur cresce
 in alcun modo piu non po celarsi
amor iolso chelprouo ale tuo mani
uedesti ben quando si tacito arsi
or dimei gridi a me medesmo incresce
che uo noiando & proximi & lontani
o mondo o pensier uani
o mia forte uentura a che madduce
o di che uaga luce
alcor minacque latenace speme
onde lannoda & preme
quella che con tua forza alfin mimena
la colpa e uostra & miol danno & la pena
C osi diben amar porto tormento
 & del peccato altrui chieggio perdono
anzi del mio che douea torcer gliocchi
dal troppo lume & disirene al suono
chiuder gliorecchi & ancor non men pento
che di dolce ueneno il cor trabocchi
aspectio pur che scocchi
lultimo colpo chi midiede il primo
& fia si dritto extimo
un modo di pietate occider tosto
non essendo ei disposto
afar altro di me che quel che soglia

che ben muor chi morendo esco di doglia
Canzon mia fermo in campo
staro che lie disnor morir fuggendo
et me stesso reprendo
di tai lamenti si dolce e mia sorte
pianto sospiri & morte
seruo damor che queste rime leggi
ben non almondo chel mio mal pareggi

RApido fiume che dalpestra uena
rodendo intorno ondel tuo nome prendi
nocte & di meco disioso scendi
ou amor me te sol natura mena
uattene innanzi el tuo corso non frena
ne stancheza ne sonno & pria che rendi
suo dritto almar fixo usi mostri attendi
lerba piu uerde & laria piu serena
Iui e quel nostro uiuo & dolce sole
cha dorna enfiora latua riua manca
forse o che spero el mio tardar le dole
bascialel piede o laman bella & bianca
dille el basciar sienu ece di parole
lo spirto e promto ma la carne e stanca

IDolci colli ouio lasciai me stesso
partendo onde partir giamai non posso
miuano innanzi & emmi ognor adosso
quel caro peso chamor ma commesso
meco di me mi merauiglio spesso
chi pur uo sempre & non son ancor mosso

dal bel giogo piu uolte in darno scosso
ma con piu menallungo & piu mappresso
Et qual ceruo ferito di saetta
col ferro auelenato dentral fianco
fugge & piu duolsi quanto piu saffreta
talio con quello stral dallato manco
che mi consuma & parte mi diletta
di duol mi struggo & di fuggir mi stanco

NOn da hispano hybero allindo idaspe
ricercando del mare ogni pendice
ne dallito uermiglio a londe caspe
nenciel néterra e piu duna fenice
qual dextro coruo o qual manca cornice
cantil mio fato o qual parca linaspe
che sol trouo pieta sorda comaspe
misero onde speraua esser felice
Chi non uo dir di lei ma chi lascorge
tuttol cor di dolceza & damor gliempie
tanto na seco & tantaltrui neporge
& per far mie dolceze amare & empie
o sinfigne o non cura o non saccorge
del fiorir queste innanzi tempo tempie

VOglia misprona amor miguida & scorge
piacer mi tira usanza mi trasporta
speranza mi lusinga & riconforta
& laman dextra alcor gia stanco porge
elmisero laprende & non saccorge
di nostra cieca & disleale scorta

regnano i senſi & laragion e morta
de lun uago deſio laltro riſorge
V ertute honor belleza acto gentile
dolci parole ai be rami mangiunto
oue ſuauemente el cor ſinueſca
mille trecento uenti ſette apunto
ſu lora prima el di ſexto daprile
ne laberinto intrai ne ueggio ondeſca

B Eato inſogno & di languir contento
dabbracciar lombre & ſeguir laura eſtiua
nuoto permar che non a fondo o riua
ſolco onde en rena fondo & ſcriuo inuento
el ſol uagheggio ſi chelli a gia ſpento
col ſuo ſplendor lamia uertu uiſiua
& una cerua errante & fugitiua
chaccio con unbue zoppo en fermo & lento
C ieco & ſtanco adognialtro chal mio danno
il qual di & nocte palpitando cerco
ſolo amore & madonna & morte chiamo
coſi uentianni graue & longo affanno
pur lacrime & ſoſpiri & dolor merco
intale ſtella preſi leſca & lamo

G Ratie chapochi il ciel largo deſtina
rara uertu non gia dumana gente
ſotto biondi capei canuta mente
en humil donna alta belta diuina
leggiadria ſingulare & pellegrina
el cantar che ne lanima ſi ſente

  landar celeste eluago spirto ardente
  chogni dur rompe & ogni alteza inchina
E t que begliocchi che i cor fanno smalti
  possenti areschiarar abysso & nocti
  & torre lalme a corpi & darle altrui
  col dir pien dintellecti dolci & alti
  coi sospiri soauemente rotti
  da questi magi transformato fui

 A Nzi tre di creata era alma in parte
  dapor sua cura in cose altere & noue
  & dispregiar di quel chamolti enpregio
  questanchor dubbia del fatal suo corso
  sola pensando pargoletta & sciolta
  intro di primauera inun bel bosco
E ra un tenero fior nato in quel bosco
  ilgiorno auanti & laradice in parte
  chappressar nol poteua anima sciolta
  che ueran di lacciuo forme si noue
  & tal piacer precipitaua al corso
  che perder libertade iui era in pregio
C aro dolce alto & faticoso pregio
  che rapto mi uolgesti al uerde bosco
  usato disuiarne a mezol corso
  & o cerco poil mondo aparte aparte
  se uersi o pietre o suco derbe noue
  mi rendesser undi lamente sciolta
Ma lasso orueggio che la carne sciolta
  fia di quel nodo ondel suo maggior pregio
  prima che medicine antiche o noue

saldin lepiaghe chi presi in quel bosco
  folto di spine ondio ben tal parte
  che zoppo nesco entraui a si grá corso
P ien di lacci & di stechi un duro corso
  aggio afornire oue leggera & sciolta
  pianta aurebbe uopo & sana dogni parte
  ma tu signor chai di pietate il pregio
  porgimi laman destra in questo bosco
  uincal tuo sol le mie tenebre noue
G uardal mio stato a le uagheze noue
  chenterrompendo di mia uita il corso
  man facto habitator dombroso bosco
  rendimi sesser po libera & sciolta
  lerrante mia consorte & fia tuol pregio
  sancor teco latrouo in miglior parte
H or echo in parte le question mie noue
  salchun pregio in me uiue on tutto e córso
  o lalma sciolta o ritenuta al bosco

I N nobil sangue uita humile & queta
  & in alto intellecto un puro core
  fructo senile in sul giouinil fiore
  en aspecto pensoso anima lieta
  raccolto an questa donna il suo pianeta
  anzil re de lestelle el uero honore
  le degne lode e gran pregio el ualore
  che da stancar ogni diuin poeta
A mor se in lei chon honestate aggiunto
  chon belta naturale habito adorno
  & un acto che parla con silentio

& non so che negliocchi chen unpunto
puo far chiara lanocte obscuro il giorno
el mel amato & adolcir lassentio

Tvtto l di piango & poi lanocte quando
prendon riposo i miseri mortali
trouomi in pianto & raddoppiarsi imali
cosi spendol mio tempo lagrimando
in tristo humor uo gliocchi consumando
el cor indoglia & son fra lianimali
lultimo si che gliamorosi strali
mi tengon adognor di pace in bando
Lasso che pur da lun a latro sole
& da luna ombra a laltra o gial piu corso
di questa morte che sichiama uita
piu laltrui fallo chel mi mal midole
che pieta uiua el mio fido soccorso
uedemi arder nel foco enon maita

Gla desiai con si giusta querela
ensi feruide rime farmi udire
chun foco di pieta fessi sentire
alduro cor cha meza state gela
& lempia nube chel raffredda & uela
rompesse a laura del mi ardente dire
o fessi quel laltrui inodio uenire
che belli onde mi strugge occhi micela
Hor non odio per lei per me pietate
cerco che quel non uo questo non posso
tal fu mia stella & tal mia cruda sorte

ma canto la diuina sua beltate
che quandi sia di questa carne scosso
sappial mondo che dolce e lamia morte

TRa quantumque leggiadre donne & belle
giunga costei chal mondo non a pare
col suo bel uiso suol delaltre fare
quel che fal di de leminori stelle
amor par cha lorechie mi fauelle
dicendo quanto questa in terra appare
fial uiuer bello & poil uedren turbare
perir uertuti elmio regno con elle
Come natura alciel laluna el sole
allaere iuenti a laterra herbe & fronde
a lhuomo & lintellecto & le parole
& almar ritollesse ipesci & londe
tanto & piu fien le cose obscure & sole
semorte gliocchi suoi chiude & asconde

ILcantar nouo el pianger de li augelli
in suldi fanno resentir le ualli
el mormorar de liquidi cristalli
giu per lucidi freschi riui & snelli
quella cha neue il uolto oro icapelli
nel chui amor non fur mai inganni ne falli
destami al suon de liamorosi balli
pettinando alsuo uechio ibianchi uelli
Cosi mi sueglio a salutar laurora
el sol che seco & piu laltro ondio fui
ne primi anni abbagliato & sono ancora

i glio ueduti alcun giorno ambedui
leuarsi in seme en un punto en un ora
quel far lestelle & questo sparir lui

ONde tolse amor loro & di qual uena
per far due trecce pionde en quali spine
colse lerose en qual piaggia le brine
tenere & fresche & die lor polso & lena
onde le perle in chei frange & affrena
dolci parole honeste & pellegrine
onde tante belleze & si diuine
di quella fronte piu chel ciel serena
Da quali angeli mosse & di qual spera
quel celeste cantar che mi disface
si che mauanza omai da disfar poco
di qual sol nacque lalma luce altera
di que belgliocchi ondio o guerra & pace
che mi quocono il cor in ggiaccio en foco

QVal mio destin qual forza o quale in ganno
miriconduce disarmato al campo
la oue sempre son uinto & sio ne scampo
merauiglia nauro sio moro il danno
danno non gia ma pro si dolci stanno
nel mio cor le fauille el chiaro lampo
che labbaglia & lostrugge enchio mauampo
& son gia ardendo nel uigesimo anno
Sento imessi di morte oue apparire
ueggio ibelgliocchi & folgorar da lunge
poi sauen chappressando ame ligire

amor chontal dolceza munge & punge
chi nol so ripensar nonche ridire
che nengegno ne lingua al uero aggiunge

Liete & pensose accompagnate & sole
donne che ragionando ite per uia
oue e lauita oue lamorte mia
per che non e con uoi comella sole
liete sian per memoria di quel sole
dogliose per sua dolce compagnia
laqual ne toglie inuidia & gelosia
che daltrui ben quasi suo mal siduole
Chi pon freno agliamanti o da lor legge
nessun a lalma alcorpo ira & asprezza
questo or in lei talor si proua in noi
ma spesso ne la fronte ilcor silegge
si uedemmo obscurar lalta bellezza
& tutti rugiadosi gliocchi suoi

QVandol sol bagna in mar laurato carro
& laer nostro & la mia mente in bruna
colcielo & co le stelle & co la luna
unangosciosa & dura nocte innarro
poj lasso atal che non mascolta narro
tutte le mie fatiche aduna aduna
& col mondo & con mia cieca fortuna
con amor con madonna & meco garro
Li sonno en bando & del riposo e nulla
ma sospiri & lamenti in fin al alba
& lagrime che lalma a gliocchi in uia

uien poi lautora & laura fosca inalba
me no mal sol chel cor marde trastulla
quel po solo adolcir la doglia mia

Vna fede amorosa un cor non finto
un languir dolce un disiar cortese
son este uoglie in gentil foco accese
un lungo error in cieco laberinto
se ne la fronte ogni penser dipinto
e din uoci interrotte appena intese
or da paura or da uergogna offese
sun pallor diuiola & damor tinto
S auer altrui piu caro che se stesso
se sospirare & lagrimar mai sempre
pascendosi di duol dira & daffanno
sarder da lunge & aghiacciar dapresso
son lecagion chamando i mi distempre
uostro donnal peccato & mio fiel danno

DOdici donne honestamente lasse
anzi dodici stelle en mezzo un sole
uidi in una barchetta allegre & sole
qual non so laltra mai onde solcasse
simil non credo che iason portasse
al uello onde oggi ognihuom uestir si uole
nel pastor diche ancor troia si dole
de qua duo tal romor almondo fasse
P oi leuidi in un carro triomphale
laurea mia con suoi sancti acti schifi
sederti in parte & cantar dolcemente

non cose humane o uision mortale
felice autumedon felice tiphy
che conducesti si leggiadra gente

PAsser mai solitario in alchun tecto
non fu quantio ne fera in alchun bosco
chi non uegio'l bel uiso & non conosco.
altro sole nequestocchi annoaltro obiecto
lagrimar sempre el mio sommo dilecto
il rider doglia il cibo assentio & tosco
lanocte affanno el ciel seren me fosco
& duro campo di battaglia illecto
Il sonno e ueramente qual huom dice
parente de lamorte el cor sottragge
a quel dolce penser chenuita iltene
solo almondo paese almo felice
uerdi riue fiorite ombrose piagge
uoi possedete & io piango ilmio bene

AVra che quelle chiome bionde & crespe
cercondi & innoui & se mossa daloro
soauemente & spargi quel dolce oro
& poi ilricogli en be nodi ilrincrespe
tu stai nelgliocchi onde amorose uespe
mi pungon si chenfin qua ilsento & ploro
& uacillando cerco il mio thesoro
come animal chi spesso adombre en cespe
Chor mel par rittrouar & or maccorgo
chine son lunge ormi sollieuo or caggio
chor quel chi bramo or quel che uero scorgo

aer felice colbel uiuo raggio
rimanti & tu corrente & chiaro gorgo
che non poffio cangiar teco uiaggio

AMor colla man deftra illato manco
maperfe & piantoui entro in mezzol core
un lauro uerde fi che di colore
ogni fmeraldo auria, ben uinto & ftanco
uom er di penna con fofpir del fianco
el piouer giu dagliocchi un dolce humore
laddornar fi chal ciel nando lodore
qual non fo gia fe daltre frondi unquanco
Fama honor & uertute & leggiadria
cafta bellezza in habito celefte
fon le radici della nobil pianta
tal lami trouo alpecto oue chi fia
felice in carco & con preghiere honefte
ladoro enchino come cofa fanta

CAntai hor piango & non men didolceza
del pianger prendo che del canto prefi
cha la cagion non a leffecto intefi
fon ime fenfi uaghi pur dalteza
indi & manfuetudine & dureza
& acti feri & humili & cortefi
porto egualmente ne me grauam pefi
ne larme mie punta difdegni fpeza
Tengan dunque uerme lufato ftile
amor madonna ilmondo & mia fortuna
chi non penfo effer mai fe non felice

uiua o mora o languifca un piu gentile
ftato del mio non e fotto la luna
fi dolce e del mio amaro la radice

I Pianfi or canto chel celefte lume
quel uiuo fole algliocchi mei non cela
nel qual honefto amor chiar riuela
fua dolce forza & fuo fancto coftume
onde efuol trar di lagrime tal fiume
per accorciar del mio uiuer latela
che non pur ponte o guado o remi o uela
ma fcampar non potiemmi ale ne piume
S i profondo era & difi larga uena
el pianger mio & fi lungi la ripa
chi uaggiungeua col penfer a pena
non lauro o palma ma tranquilla oliua
pieta mimanda el tempo rafferena
el pianto afciuga & uuol ancor chiuiua

I Mi uiuea di mia forte contento
fenza lagrime & fenza inuidialcuna
che faltro amante a piu dextra fortuna
mille piacer non uaglion un tormento
or quei begliocchi ondio mai non mi pento
de le mie pene & men non ne uoglio una
tal nebbia copre fi grauofa & bruna
chel fol de lamia uita a quafi fpento
O natura pietofa & fera madre
onde tal poffa & fi contrarie uoglie
di far cofe & diffar tanto leggiadre

dun uiuo fonte ogni poder saccoglie
ma tu comel consenti o sommo padre
che del tuo caro dono altri ne spoglie

Vincitore alexandro lira uinse
& fel minore in parte che philippo
che liual se pirgotile & lisippo
lintagliar solo & apelle il dipinse
lira tideo atal rabbia sospinse
che morendo ei si rose menalippo
lira cieco del tutto non pur lippo
facto auea sylla a lultimo lextinse

S al ualentiniano cha simil pena
ira conduce & sal quei che nemore
aiace in molti & poi in sestesso forte
{ ira e breue furore & chi nol frena
{ e furor lungo chel suo possessore
} spesso auergogna & talor mena amorte

Ire diffinitio.

QVal uentura mi fu quando da luno
de duo i piu belgliocchi che mai furo
mirandol di dolor turbato & schuro
mosse uertu che fel mio in fermo & bruno
sendio tornato asoluer il digiuno
diueder lei che sola almondo curo
fummi ilciel & amor men chemai duro
se tutte altre mie gratie insieme aduno
C he dal dextrocchio anzi del dextro sole
de la mia donna almio dextrocchio uenne
il mal che mi dilecta & non mi dole

&pur come intellecto auesse penne
passo quasi una stella chen ciel uole
& natura & pietate il corso tenne

O Cameretta che gia fosti un porto
a legraui tempeste mie diurne
fonte se or di lagrime nocturne
chel di celate per uergogna porto
o lecticciuol che requie eri & conforto
in tanti affanni di che dogliose urne
ti bagna amor conquelle mani eburne
solo uerme crudeli a si gran torto
Ne pur ilmio secreto el mio riposo
fuggo ma piu me stesso el mio pensero
che seguendol talor leuomi auolo
el uulgo ame nimico & odioso
chil penso mai per mio refugio chero
tal paura o di ritrouarmi solo

Lasso amor mi trasporta ouio non uoglio
& ben maccorgo chel deuer si uarca
onde a chi nel mio cor siede monarca
sono importuno assai piu chi non soglio
ne mai saggio nochier guardo da scoglio
nauo di merce preciose carca
quantio sempre la debile mia barca
da le percosse del suo duro orgoglio
Ma lagrimosa pioggia & fieri uenti
dinfiniti sospiri or lanno spinta
che nel mio mare horribil nocte & uerno

  oualtrui noie a se doglie & tormenti
  porta & non altro gia da longe uinta
  di sarmata di uele & di gouerno

A More io fallo & ueggio il mio fallire
  ma so si combuom charde el foco anseno
  chel duol pur cresce & laragion uen meno
  & e gia quasi uinta dal martire
  solea frenare il mio caldo desire
  per non turbare ilbel uiso sereno
  non posso piu diman mai tolto il freno
  & lalma desperando a preso ardire
P ero soltra suo stile ella sauenta
  tul fai che si laccendi & si la sproni
  chogni aspra uia per sua salute tenta
  & piul fanno i celesti & rari doni
  cha in se madonna or fa almen chella il senta
  & le mie colpe a se stessa perdoni

N On a tanti animali il mar fra londe
  ne lassu sopral cerchio de la luna
  uide mai tante stelle alcuna nocte
  ne tanti augegli albergan per li boschi
  ne tante herbe ebbe mai campo ne piaggia
  quantal mio cor pensier ciascuna sera
D i di in di spero o mai lultima sera
  che sceuri in me dal uiuo terren londe
  & milasci dormir in qual che piaggia

 che tanti affanni huom mai sotto la luna
 non sofferse quantio sannolsi i boschi
 che sol uo ricercando giorno & nocte
I non ebbi giamai tranquilla nocte
 ma sospirando andai mattino & sera
 poi chamor femmi un cittadin de boschi
 ben fia prima chi posi il mar senzonde
 & lasua luce aural sol da laluna
 i fiori dapril morranno in ogni piaggia
C onsumando miuo di piaggia in piaggia
 el di pensoso poi piango lanocte
 ne stato o mai se non quanto la luna
 ratto come imbrunir ueggio la sera
 sospiri del pecto & de gli occhi escono onde
 da bagnar lerbe & da crollare i boschi
L e citta son nimiche amici i boschi
 amici pensier che per questalta piaggia
 sfogando uo col mormorar de londe
 per lo dolce silentio della nocte
 tal chio aspecto tuttol di la sera
 chel sol si parta & dia luogo a laluna
D e or fossio coluago de la luna
 adormentato in qhalche uerdi boschi
 & questa chanzi uespro a me fa sera
 chonessa & con amor in quella piaggia
 sola uenisse astarsi iui una nocte
 el di si stesse el sol sempre ne londe
S oura dute ombre allume de la luna
 canzon nata di nocte in mezo i boschi
 richa piaggia uedrai doman da sera

Real natura angelico intellecto
chiara alma prompta uista occhio ceruero
prouidenza ueloce alto pensero
& ueramente degno di quel pecto
sendo di donne un bel numero electo
per adornar il di festo & altero
subito scorse il buon giudicio intero
fra tanti & si bei uolti il piu perfecto
L altre maggior di tempo o di fortuna
trarsi in disparte comando con mano
& caramente accolse asse quelluna
gliocchi & la fronte con sembiante humano
basciolle si che rallegro ciaschuna
me empie dinuidia lacto dolce & strano

LA uer lautora che si dolce laura
al tempo nuouo suol mouere i fiori
& gliaugelletti in cominciar lor uersi
si dolcemente i pensier dentro allalma
muouer mi sento a chi glia tutti in forza
che ritornar conuienmi alle mie note
T emprar potessio in si soaui note
i miei sospiri chadolcissen laura
faccendo allei ragion chame fa forza
ma pria sial uerno lastagion de fiori
chamor fiorisca in quella nobil alma
che non curo giamai rime neuersi
Q uante lagrime lasso & quanti uersi
o gia sparti al mio tempo en quante note
o ri prouato humiliar quellalma

  ella si sta pur comaspralpe a laura
  dolce laqual ben moue fronde & fiori
  ma nulla posencontra maggior forza
H omini & dei solea uincer per forza
  amor come si legge inprose enuersi
  & iol prouai in sul primo aprir de fiori
  ora nel mio signor ne lesue note
  nel pianger mio ne iprieghi pon far laura
  trarreo diuita o di martir questalma
A lultimo bisogno o misera alma
  achampa ogni tuo ingegno ogni tua forza
  mentre fra noi di uita alberga laura
  nulla almondo e che non possano iuersi
  & gliaspidi in cantar sanno in lor note
  non chel gielo adornar di noui fiori
R idono or per le piagge herbette & fiori
  esser non puo che quella angelica alma
  non senta il suon de lamorose note
  senostra ria fortuna e di piu forza
  lagrimando & cantando i nostri uersi
  & col bue zoppo andrem cacciando laura
I n rete accolgo laura en ghiaccio i fiori
  en uersi tento sorda & rigida alma
  che ne forza damor preza ne note

 I O o pregato amor & nel riprego
  che miscusi apo uoi dolce mia pena
  amaro mio dilecto se con piena
  fede dal dritto mio sentier mi piego
  i nol posso negar donna & nol nego

che la ragion chogni bona alma affrena
non sia dal uoler uinta ondei mi mena
talor in parte ouio per forza il sego
Voi con quel cor che di si chiaro ingegno
di si alta uertute ilcielo a luma
quanto mai pioue da benigna stella
douete dir pietosa & senza sdegno
che po questi altro el mio uolto il consuma
ei per che in gordo & io per che si bella

LAlto signor dinanzi a chui non uale
nasconder ne fuggir ne far difesa
di bel piacer mauea la mente accesa
con un ardente & amoroso strale
& ben chel primo colpo aspro e mortale
fussi da se per auanzar sua impresa
una saetta di pietate apresa
& quinci & quindi il cor punge & assale
L una piaga arde & uersa foco & fiamma
lagrime laltra chel dolor distilla
per gliocchi mei del uostro stato rio
ne per duo fonti sol una fauilla
rallenta de lincendio che min fiamma
anzi per la pieta crescel desio

MIra quel colle o stanco mio cor uigo
iui lasciammo ier lei chalchum tempo ebbe
qual che cura di noi & le nencrebbe
or uorria trar degliocchi nostri un lago
torna tu in la chio desser sol mappago

tenta se forse ancor tempo sarebbe
dascemar nostro duol chen fin qui crebbe
o del mio mal partecipe & presago
H or tu chai posto te stesso in oblio
& parli al cor pur come fosse or teco
miser & pien di pensier uan & sciocchi
chal dipartir dal tuo sommo desio
tu tenandasti & sirimasse seco
& sinascose dentro asuoi begliocchi

O R uedi amor che giouinetta donna
tuo regno spreza & del mio mal non cura
& tra due ta nimici e si secura
T u se armato & ella in treccie en gonna
si siede scalza in mezo i fiori & lerba
uer me spietata en contra te superba
I son prigion ma se pieta ancor serba
larco tuo saldo a qualchuna saetta
fa di te & di me signor uendecta

F Resco ombroso fiorito & uerde colle
ouor pensando & hor cantando siede
& fa qui de celesti spirti fede
quella cha tuttol mondo fama tolle
il mio cor che per lei lasciar mi uolle
& se gran senno & piu se mai non riede
ua or contando oue da quel bel piede
segnata e lerba & da questi occhi e molle
S eco si stringe & dice a ciaschun passo
de fosse or qui quel miser pur un poco

che gia di pianger & di uiuer lasso
ella sel ride & non e pari il gioco
tu paradiso i senza cor un sasso
o sacro auenturoso & dolce loco

Il mal mi preme & mi spauenta il peggio
al qual ueggio si larga & piana uia
chi sono en trato in simil frenesia
& con duro penser teco uaneggio
ne so se guerra o pace a dio mi cheggio
chel danno e graue & la uergogna e ria
ma per che piu languir di noi pur sia
quel chordinato e gia nel sommo seggio
Ben chi non sia di quel grand honor degno
che tu mi fai che teninganna amore
che spesso occhio ben san fa ueder torto
pur dalzar lalma a quel celeste regno
e ilmio consiglio & dispronar il core
per chel cammin e longo el tempo e corto

Ve rose fresche & colte in paradiso
laltrier nascendo ildi primo di maggio
bel dono aduno amante antico & saggio
tra duo minori equal mente diuiso
chonsi dolce parlar & chon un riso
da far in namorar uno huom seluagio
di ssauillante & amoroso raggio
& lun & laltro se cangiare il uiso
Non uede un simil par damanti il sole
dicea ridendo & sospirando in seme

& stringendo ambedue uolgeasi atorno
cosi partia le rose & le parole
ondel cor lasso ancor sallegra & teme
o felice eloquentia o lieto giorno

LAura chel uerde lauro & laureo crine
soauemente sospirando moue
fa con sue uiste leggiadrette & noue
lanime da lor corpi pellegrine
candida rosa nata in dure spine
quando fia chi sua pari al mondo troue
gloria di nostra etate o uiuo gioue
manda prego il mio in prima chel suo fine
S i chio non ueggia il gran publico danno
elmondo rimaner senzal suo sole
ne gliocchi miei che luce altra non anno
ne lalma che pensar daltro non uole
ne lorecchie chudir altro non sanno
senza loneste sue dolci parole

PArra forse adalcun chen lodar quella
chi adoro i terra errante fail mio stille
faccendo lei sourogni altra gentile
sancta saggia leggiadra honesta & bella
ame par il contrario & temo chella
non abbia aschifo il mio dir troppo humile
degna dassai piu alto & piu sottile
& chi nol crede uengha egli auedella
S i dira ben quello oue questi aspira
e cosa da stancare athene arpino

mantoua & smirna & luna & laltra lira
lingua mortale alsuo stato diuino
giungner non puote amor laspinge & tira
non per election ma per destino

CHli uuol ueder quantunque po natura
e ciel tra noi uenga a mirar costei
che sola un sol non pur a gliocchi miei
ma almondo cieco che uertu non cura
& uenga tosto per che morte fura
prima imigliori & lascia star i rei
questa aspectata al regno delli dei
cosa bella mortal passa & non dura
Vedra se arriua atempo ogni uertute
ogni bellezza ogni real costume
giunti in un corpo chon mirabil tempre
allor dira che mie rime son mute
lingegno offeso dal souerchio lume
ma se piu tarda aura da pianger sempre

QVal paura o quando mitorna amente
quel giorno chi lasciai graue & pensosa
madonna il mio cor seco & non e cosa
che si uolentier pensi & si souente
i la riueggio star si humilmente
tra belle donne aguisa duna rosa
tra minor fior ne lieta ne dogliosa
come chi teme & altro mal non sente
Deposta auea lusata leggiadria
le perle & leghirlande ei panni allegri

el riso el canto el parlar dolce humano
cosi in dubbio lasciai la uita mia
or tristi augurii & sogni & pensier negri
mi danno assalto & piaccia adio chen uano

SOlea lontana in sonno consolarme
chon quella dolce angelica sua uista
madonna or mispauenta & micontrista
ne diduol ne di tema posso aitarme
che spesso nel suo uolto ueder parme
uera pieta chon graue dolor mista
& udir cose ondelcor fede aquista
che di gioia & dispeme si disarme
Nonti souen di quella ultima sera
dice ella chi lasciai gliocchi tuoi molli
& sforzata dal tempo menandai
io non tel potei dir allor ne uolli
or tel dico per cosa experta & uera
non jsperar di uedermi in terra mai

OMisera & horribil uisione
e dunque uer chen nanzi tempo spenta
sia lalma luce che suol far contenta
mia uita in pene & in speranze bone
ma com e e che si gran romor non sone
per altri messi & per lei stessa il senta
orgia dio & natura nol consenta
& falsa sia mia trista opinione
A me pur gioua disperare ancora
la dolce uista del bel uiso adorno

che mi mantene el secol nostro honora
se per salir a leterno soggiorno
uscite pur del bel albergo fora
prego non tardi il mio ultimo giorno

IN dubbio di mio stato or piango or canto
& temo & spero & in sospiri en rime
sfogo il mio incarco amor tutte sue lime
usa sopral mio core afflicto tanto
or fia giamai che quel bel uiso santo
renda aquestocchi le lor luci prime
lasso non so che di me stesso stime
o li condanni a sempiterno pianto
Et perprendere il ciel debito alui
non churi che si sia di loro in terra
di chegliel sole & non ueggiono altrui
in tal paura ensi perpetua guerra
uiuo chi non son piu quel che gia fui
qual chi per uia dubbiosa teme & erra

O Dolci sguardi o parolette accorte
or fia mai il di chi ui riueggia & oda
o chiome bionde di chel cor mannoda
amore:& cosi preso il mena a morte
o bel uiso a me dato in dura sorte
di chio sempre pur pianga & mai non goda
o chiuso inganno & amorosa froda
darmi un piacer che sol pena mapporte
Et se talor da begliocchi soaui
oue mia uita el mio pensiero alberga

forse mi uen qual che dolcezza honesta
subito acio chogni mio ben disperga
& mallontani or fra caualli or naui
fortuna chal mio mal sempre e si presta

Pure ascolto & non odo nouella
de la dolce & amata mia nimica
ne so chi mene pensi o chi mi dica
sil cor tema & speranza mi puntella
nocque ad alcuna gia lesser si bella
questa piu daltra e bella & piu pudica
forse uuol dio tal di uertute amica
torre ala terra en ciel farne una stella

Anzi un sole & se questo e la mia uita
i miei corti riposi e lunghi affanni
son giunti al fine o dura dipartita
per che lontana mai facto damiei danni
la mia fauola breue e gia compita
& fornito il mio tempo a mezzo glianni

La sera disiare odiar laurora
soglion questi tranquilli & lieti amanti
a me doppia la sera & doglia & pianti
la mattina e per me piu felice hora
che spesso in un momento aprono allora
lun sole & laltro qnasi duo leuanti
di biltate & di lume si sembianti
chanço il ciel della terra sinnamora

Come gia fece allor che primi rami
uerdeggiar che nel cor radice manno

per chui sempre altrui piu che me stesso ami
cosi dime due contrarie hore fanno
& chi maqueta e ben ragion chi brami
& tema & odi chi madduce affanno

Far potess'io uendecta di colei
che guardando & parlando mi distrugge
& per piu doglia poi sasconde & srugge
celando gliocchi a me si dolci & rei
cosi gliafflicti & stanchi spirti mei
apoco apoco consumando sugge
en sul cor quasi fiero leon rugge
la nocte allor quando posar deurei
L alma cui morte del suo albergo caccia
da me si parte & di tal nodo sciolta
uassene pur allei che laminaccia
marauigliomi ben sal chuna uolta
mentre ella parla & piange & poi la braccia
non rompe il sonno suo sella lascolta

IN quel bel uiso chi sospiro & bramo
fermi eran gliocchi desiosi en tensi
quando amor porse quasi a dir che pensi
quella honorata man che seconda amo
il cor preso iui come pesce a lamo
onde a ben far per uiuo exempio uiensi
aluer non uolse glioccupati sensi
o come nouo augello al uisco in ramo
Ma lauista priuata del suo obiecto
quasi sognando si facea far uia

senza la quale el suo bene imperfecto
lalma tra luna & laltra gloria mia
qual celeste non so nouo dilecto
& qual strana dolcezza si sentia

Viue fauille uscian de duo be lumi
uer me si dolcemente folgorando
& parte dun cor saggio sospirando
dalta eloquentia si soaui fiumi
che pur el rimembrar par mi consumi
qualora aquel di torno ripensando
come ueniano emiei spirti mancando
al uariar de suoi duri costumi
Lalma nudrita sempre in doglie en pene
quanto elpoder duna prescripta usanza
contral doppio piacer sinferma fue
chal gusto sol del di susato bene
tremando or di paura or di speranza
dabbandonarmi fui spesso in tra due

Cercato ò sempre solitaria uita
leriue il fanno & le campagne & boschi
per fuggir questi ingegni sordi & loschi
che la strada delcielo anno smarrita
& se mia uoglia in cio fosse compita
fuor del dolce aere de paesi toschi
ancor mauria trasuoi be colli foschi
sorga cha pianger & cantar maita
Ma mia fortuna ame sempre nimica
miri sospigne al loco o uio misdegno

ueder nel fango il bel thesoro mio
alaman ondio scriuo e facta amica
aquesta uolta & non e forse indegno
amor sel uide & sal madonna & io

IN tale stella duo begliocchi uidi
tutti pien donestate & di dolcezza
che presso aqui damor leggiadri uidi
il mio cor lasso ognaltra uista sprezza
non si pareggi alei qual piu saprezza
in qualche etade in qualche strani lidi
non chi reco con sua uaga bellezza
in grecia affanni in troia ultimi stridi
Hon la bella romana che col ferro
apri il suo casto & disdegnoso pecto
non polisena i sisile & argia
questa excellentia & gloria si non erro
grande anatura a me sommo dilecto
ma che uen tardo & subito ua uia

QVal donna attende a gloriosa fama
di senno di ualor di cortesia
mirisiso negliocchi a quella mia
nemica che mia donna ilmondo chiama
come sacquista honor come dio sama
come giunta honesta con leggiadria
iui simpara & qual e dritta uia
digir al ciel che lei aspecta & brama
Iuil parlar che nullo stile a guaglia
el bel tacer & quei cari costumi

chengegno human non puo spiegar in carte
linfinita bellezza chaltrui abbaglia
non uisi impara che que dolci lumi
saquistan per uentura & non per arte

CAra la uita & dopo lei mi pare
uera honesta chen bella donna sia
lordine uolgi & non fur madre mia
senza honesta mai cose belle o care
& qual si lascia di suo honor priuare
ne donna e piu ne uiua & se qual pria
appare in uista & tal uita aspra & ria
uia piu che morte & di piu pene amare

Ne di lucretia mimarauigliai
se non come amorir lebisognasse
ferro & non le bastasse il dolor solo
uengan quanti phylosophi fur mai
adir dicio tutte lor uie sien basse
& questuna uedren alzarsi a uolo

ARbor uictoriosa & triumphale
honor dimperadori & di poeti
quanti mai facto di dogliosi & lieti
in questa breue mia uita mortale
uera donna & a chui di nulla cale
se non donor che sourognialtra mieti
ne damor uisco temi o laccio o reti
nen ganno altrui contraltuo senno uale

Gentilezza di sangue & laltre care
cose fra noi perle rubini & oro

quasi uil soma egualmente dispregi
lalta belta chal mondo non a pare
noia te se non quanto el bel thesoro
di castita parchella adorni & fregi

ASpro core & seluaggio & cruda uoglia
in dolce humile angelica figura
se limpreso rigor gran tempo dura
auran di me poco honorata spoglia
che quando nasce & mor fior erba & foglia
quando el di chiaro & quando e nocte oscura
piango adognor ben o dimia uentura
di madonna & da more onde midoglia
Viuo sol disperanza rimembrando
che poco humor gia per continua proua
consumar uidi marmi & pietre salde
non e si duro cor che lagrimando
pregando amando talor non sismoua
ne si freddo uoler che non siscalde

SIgnor mio caro ogni pensier mi tira
di uoto aueder uoi chui sempre ueggio
lamia fortuna or che mi po far peggio
mitene afreno & miriuolge & gira
poi quel dolce desio chamor minspira
menami amorte chi non mene aueggio
& mentre imiei duo lumi indarno cheggio
douunque io son di & nocte si sospira
Karita di signore amor di donna
son le catene onde con molti affanni

legato son per chio stesso mi strinsi
un lauro uerde una gentil colonna
quindici luna & laltra diciotto anni
portato o in seno & giamai non mi scinsi

Oime il bel uiso o ime il soaue sguardo
oi me il leggiadro portamento altero
oi me il parlar chognaspro ingegno & fero
faceui humile & ogni huom uil gagliardo
& oi me il dolce riso onde usci el dardo
di che morte altro bene o mai non spero
alma reale dignissima dimpero
se non fussi franoi scesa sitardo
Per uoi chon uien chio arda en uoi respire
chi pur fui uostro & se diuoi son priuo
uia men dogni suentura altra midole
disperanza men pieste & di desire
quandio parti dal sommo piacer uiuo
mal uento neportaua le parole

CHe debbio fare che miconsigli amore
tempo e ben dimorire
& o tardato piu chio non uorrei
madonna e morta & a secol mio core
& uolendol seguire
interromper chonuien questi anni rei
per che mai ueder lei
di qua non spero & laspectar me noia
poscia chogni mia gioia
perlo suo dipartire in pianto & uolta

ogni dolcezza di mia uita e tolta
A'mor tu lſenti ondi teco mi doglio
quante el danno aſpro & graue
& ſo che del mio mal ti peſa & dole
anzi del noſtro per chaduno ſcoglio
auem rotta la naue
& in un punto ne ſchurato il ſole
quale ingegno o parole
porria aguagliare il mio doglioſo ſtato
ai orbo mondo in grato
gran cagion ai di douer pianger meco
che quel bel chera inte perduto ai ſeco
Caduta & la tua gloria & tu nol uedi
ne degno eri mentrella
uiſſe qua giu dauer ſua conoſcenza
ne deſſer tocco daſuoi ſancti piedi
per che coſa ſi bella
deuea il cielo adornar di ſua preſenza
ma io laſſo che ſenza
lei ne uita mortal ne me ſteſſo amo
piangendo la richiamo
queſto m'auanza di cotanta ſpene
& queſto ſolo ancor qui mi mantene
Oime terra e facto il ſuo bel uiſo
che ſolea far del cielo
& del ben di laſſu fede fra noi
l'inuiſibil ſua forma e in paradiſo
diſciolta di quel uelo
che qui fece ombra al fior deglianni ſuoi
per riueſtirſen poi

  unaltra uolta & mai piu non spogliarsi
  quando alma & bella farsi
  tanto piu lauedrem quanto piu uale
  sempiterna bellezza che mortale
P iu che mai bella & piu legiadra donna
  tornami innanzi come
   la doue piu gradir sua uista sente
  questa e del uiuer mio luna colonna
  laltra el suo chiaro nome
  che sona nel mio cor si dolcemente
  ma tornandomi amente
  che pur morta e lamia speranza uiua
  allor chella fioriua
  sa ben amor qualio diuento & spero
  uedel colei che hor si presso alucro
D onne uoi che miraste sua biltade
  & langelica uita
  chon quel celeste portamento in terra
  di me uidoglia & uincaui pietate
  non di lei che salita
  atanta pace & ma lasciato in guerra
  tal che saltri miserra
  lungo tempo elcammin daseguitarla
  quel chamor meco parla
  sol miriten chio non recida il nodo
  ma e ragiona dentro in cotal modo
P on freno al gran dolor che titrasporta
  che per souerchie uoglie
  si perdel ciel ouel tuo core aspira
  doue e uiua colei chaltrui par morta

    & di sue belle spoglie
    seco sorride & sol dite sospira
    & sua fama che spira
    in molte parti ancor per la tua lingua
    prega che non extingua
    anzi lauoce al suo nome rischiari
    segliocchi suoi tisur dolci ne cari
F ugil sereno el uerde
    non tappressare oue sia riso o canto
    canzon mia no ma pianto
    non fa per te distar fra gente allegra
    uedoua sconsolata in uesta negra

R Otta e lalta colonna el uerde lauro
    che facean ombra almio stanco pensero
    perduto o quel che rittouar non spero
    dal borrea a laustro o dal mar indo al mauro
    tolto mai morte il mio doppio thesauro
    che misca uiuer lieto & gire altero
    & ristorar nol po terra nen pero
    ne gemma oriental ne forza dauro
Ma se consentimento e di destino
    che posso io piu se non auer lalma trista
    humidi gliocchi sempre el uiso chino
    o nostra uita che si bella in uista
    com perde ageuolmente in um mattino
    quel chen molti anni agran pena saquista

A Mor se uuo chi torni algiogo antico
    come par che tu mostri unaltra proua

 marauigliosa & noua
 per domarme conuenti uincer pria
 il mio amato thesoro in terra troua
 che me nascosto ondio son si mendico
 elcor saggio pudico
 oue suol albergar la uita mia
 & segli e uer che tua potentia sia
 nel ciel si grande come si ragiona
 & nel abisso per che qui fra noi
 quel che tu ual & puoi
 credo chel sente ogni gentil persona
 ritogli amorte quel chella natolto
 & ripon letue insegne nel bel uolto
R ipon entrol bel uiso il uiuo lume
 chera mia scorta & la soaue fiamma
 chancor lasso minfiamma
 essendo spenta orche fea dunque ardendo
 & non siuide mai ceruo ne damma
 con tal desio cercar fonte ne fiume
 qualio el dolce costume
 ondo gia molto amaro & piu nattendo
 se ben mi stesso & mia uaghezza intendo
 che mi fa uaneggiar sol del pensero
 & gire in parte oue la strada manca
 & con lamente stanca
 cosa seguir che mai giugner non spero
 or al tuo richiamar uenir non degno
 che signoria non ai fuor del tuo regno
F ammi sentir di quel aura gentile
 di for si come dentro ancor si sente

  la qual era possente
  cantando daquetare lisdegni & lire
  diserenar la tempestosa mente
  & sgombrar dogni nebia oscura & uile
  & alzaua il mio stile
  soura di se doueor non poria gire
  aguaglia lasperanza col desire
  & poi che lalma e insua ragion piu forte
  rē di agliocchi agliorecchi il proprio obggetto
  senza qual imperfecto
  e lor oprare el mio uiuere e morte
  indarno or soura me tua forza adopre
  mentrel mio primo amor terra ricopre
F a chio riueggia il bel guardo chun sole
  fu sopral ghiaccio ondio solea gir carco
  fa chi ti troui al uarco
  onde senza tornar passol mio core
  prendi idorati strali & prendi larco
  & facciamisi udir si come sole
  col suon de le parole
  ne le quali io imparai che cosa e amore
  moui la lingua ouerano atuttore
  disposti gliamiouio fui preso & lesca
  chi bramo sempre ei tuoi lacci nascondi
  frai capei crespi & biondi
  chel mio uolere altroue non sinuesca
  spargi cole tue man le chiome al uento
  iui mi lega & puomi far contento
D al laccio dor non sia mai chi me scioglia
  neglecto ad arte & ennanellato & hirto

ne de lardente spirto
de la sua uista dolcemente acerba
la qual di & nocte piu che lauro o mirto
tenea in me uerde lamorosa uoglia
quando si ueste & spoglia
di fronde il bosco & la campagna derba
ma poi che morte e stata si superba
che spezzo il nodo ondio temea scampare
ne trouar poi quantunque gira il mondo
dicbe ordischil secondo
che gioua amor tuoi ingegni ritentare
passata e lastagion per dute ai larme
di chio tremaua ormai che puoi tu farme

L arme tue furon gliocchi onde laccese
saette usciuan dinuisibil foco
& ragion temean poco
che contral ciel non ual difesa humana
il pensar il tacer il riso el gioco
labito honesto el ragionar cortese
le parole chentese
aurian facto gentil dalma uillana
langelica sembianza humile & piana
chor quinci hor quindi udia tanto lodarsi
el sedere & lostar che spesso altrui
poser in dubbio a chui
douesse il pregio dipiu laude darsi
chon queste armi uinceui ogni cor duro
or se tu disarmato i son securo

G lianimi chal tuo regno il cielo inchina
leghi or in uno & ora in altro modo

ma me sol ad un nodo
legar potei chel ciel di piu non uolse
quel uno e rotto & en liberta non godo
ma piango & grido ai nobil pellegrina
qual sententia diuina
me lego innanzi & te prima disciolse.
dio che si tosto al mondo ti ritolse
ne monstro tanta & si alta uertute
sol per infiammar nostro desio
certo o mai non temio
amor del la tua man noue ferute
indarno tendi larco auoito schiocchi
sua uirtu cadde alchiuder de begliocchi
Morte ma sciolto amor dogni tua lege
quella che fu mia donna alciel e gita
lasciando trista & libera mia uita

L Ardente nodo o uio fui dora in ora
contando anni uentuno interi preso
morte disciolse:ne gia mai tal peso
prouai:ne credo chuom di dolor mora.
non uolendomi amor pardere ancora
ebbe unaltro lacciuol fra lerba teso:
& dinuoua esca unaltro foco acceso:
tal cha gran pena indi scampato fora.
E t se non fosse experientia molta
de primi affanni:i sarei preso & arso:
tanto piu quanto son men uerde legno.
morte ma liberato unaltra uolta;
& rotto lnodo el foco a spento & sparso

contra la qual non ual forza nengegno.

LA uita fugge & non sarresta unora:
& la morte uien dietro a gran giornate:
& le cose presenti/& le passate
mi danno guerra:& le future ancora.
el rimembrare & la spectar maccora:
or quinci,or quindi,si chen ueritate
se non chio di me stesso pietate:
i sarei gia di questi pensier fora.
Tornami auanti salchun dolce mai
ebbel cor tristo:& poi da laltra parte,
ueggio al mio nauigar turbati iuenti.
ueggio fortuna in porto:& stanço omai
il mio nocchier:&rocte arbore & sarte:
& lumi bei che mirar soglio spenti.

CHe fai:che pensi,che pur dietro guardi,
nel tempo,che tornar non pote omai:
anima sconsolata:che pur uai
giugnendo legne al foco oue tu ardi.
le soaui parole,& dolci sguardi,
chadun,adun descripti,& depintai,
son leuati diterra:& e ben sai
qui ricercargli,intempestiuo,& tardi.
De non rinouellar quel che nancide:
non seguir piu penser uago fallace:
ma saldo,& certo,cha buon fin ne giude.
cerchiamol ciel:sequi nulla ne piace:
che mal per noi quella belta si uide:
se uiua & morta ne deuea tor pace.

Datemi pace o duri miei pensieri
non basta ben chamor fortuna e morte
mi fanno guerra intorno en su le porte
senza trouarmi dentro altri guerreri
& tu mio cor ancor se pur qual eri
disleal me sol che fere scorte
uai riceptando & se facto consorte
de miei nimici si prompti & leggieri
In te i secreti suoi messaggi amore
inte spiega fortuna ogni sua pompa
& morte la memoria di quel colpo
che lauanzo di me conuien che rompa
inte iuaghi pensier sarman derrore
perche dogni mio mal te solo incolpo

Occhi miei obscurato el nostro sole
anzi e salito al cielo & iui splende
iui il uedremo ancora iui nattende
& dinostro tardar forse lidole
orecchie mie langelice parole
suonano in parte oue chi meglio intende
pie miei uostra ragion la non si extende
oue colei chexercitar uisole
Dunche perche mi date questa guerra
gia di perdere auoi cagion non fui
uederla udirla & ritrouarla in terra
smorte biasmate anzi laudate lui
che lega & scioglie en um púto apre & serra
& dopol pianto sa far lieto altrui

POi che la uista angelica serena
per subita partenza ingran dolore
lasciato a lalma entenebroso orrore
cerco parlando da lentar mia pena
giusto duol cerco alamentar mimena
sassel chi ne cagione & sallo amore
chaltro rimedio non aueal mio core
contra ifastidi onde lauita e piena
Questo un morte ma tolto la tua mano
& tu checopri & guardi & ai hor teco
felice terra quel bel uiso humano
me doue lasci sconsolato & cieco
poscia chel dolce & amoroso & piano
lume degliocchi miei non e piu meco

SAmor nouo consiglio non napporta
per forza conuerra chel uiuer cange
tanta paura & duol lalma trista ange
chel desir uiue & lasperanza e morta
onde si sbigottisce & sisconforta
mia uita intutto & nocte & giorno piange
stanca senza gouerno inmar che frange
endubbia uia senza fidata scorta
Imaginata guida la conduce
che la uera e sotterra anzi e nel cielo
onde piu che mai chiara al cor traluce
a gliocchi no chun doloroso uelo
contende lor la disiata luce
& me fa si pertempo cangiar pelo

NE leta sua piu bella & piu fiorita
quãdo auer suol amor inoi piu forza
lasciando interra laterrena scorza
& laura mia uital da me partita
& uiua & bella & nuda alciel salita
indi mi signoreggia indi misforza
de perche me delmio mortal non scorza
lultimo a di che prima laltra uita
Che come imie pensier dietro a lei uanno
cosi lieue expedita & lieta lalma
la segua & io sia fuor di tanto affanno
cio che sindugia e propio per mio danno
per far me stesso a me piu graue salma
o che bel morir era oggie terzo anno

SE lamentar augelli ouerdi fronde
mouer soauemente a laura extiua
o roco mormorar di lucide onde
sode duna fiorita & fresca riua
lauio seggia damor pensoso & scriua
lei chel ciel ne mostro terra nasconde
ueggio & odo & intendo chancor uiua
disi lontano asospir miei risponde
De perche innanzil tempo ti consume
mi dice con pietate a che pur uersi
de gliocchi tristi undoloroso fiume
di me non pianger tu che miei di fersi
morendo eterni & nellinterno lume
quando mostrai di chiuder gliocchi a persi

MAi non fu inparte oue si chiar uedessi
quel che ueder uorrei poi chi nol uidi
nedoue intanta liberta mistessi
nempiessil ciel desi amorosi stridi
negiamai uidi ualle auer sispessi
luoghi da sospirar riposti & fidi
ne credo gia chamore in cipro auessi
o inaltra riua si soaui nidi
L acque parlan damore & lora ei rami
& gliaugelletti epesci efiori & lerba
tutti inseme pregando chi sempre ami
ma tu ben nata che dal ciel mi chiami
per la memoria di tua morte acerba
prieghi chi sprezil modo & suoi dolci hami

QVante fiate almio dolce ricecto
fuggendo altrui & lesser po me stesso
uo chongliocchi bagnando lerba el pecto
rompendo cho sospir lacre da presso
quante fiate sol pien di sospecto
per luoghi ombrosi & foschi mi son messo
cercando col penser lalto dilecto
che morte a tolto ondio la chiamo spesso
Hor informa di ninfa o daltra diua
che del piu chiaro fondo di sorga escha
& pongasi a federe insula riua
or lo ueduta su per lerba frescha
calcare ifiori con una donna uiua
mostrando in iusta che di me lencresca

Alma felice che souente torni
a consolar lemiei nocti dolenti
chon gliocchi tuoi che morte non a spenti
ma soural mortal modo facti adorni
quanto gradisco che miei tristi giorni
a rallegrar de tua uista consenti
cosi comincio arittouar presenti
le tue belleze a suoi usati soggiorni
Laue cantando andai di te moltanni
or come uedi uo di te piangendo
di te piangendo no ma demie danni
sol un riposo trouo in molti affanni
che quando torni te conosco entendo
a landar a lauoce al uolto a panni

Discolorato ai morte il piu bel uolto
che mai si uide & piu belgliocchi spenti
spitto piu acceso di uirtuti ardenti
del piu legiadro & piu bel nodo ai sciolto
in un momento ogni mio ben mai tolto
posto ai silentio a piu soaui accenti
che mai sudiro & me pien dilamenti
quantio ueggio me noia & quantio ascolto
Ben torna a consolar tanto dolore
madonna oue pieta la riconduce
ne trouo in questa uita altro soccorso
& se connella ella parla & come luce
ridir potessi accenderei damore
non diro duom un cor di tigre o dorso

SI breue el tempo el penser si ueloce
che mirendon madonna cosi morta
chal grandolor la medicina ecorta
pur mentrio ueggiol lei nulla mi noce
amor che ma legato & tiemmi in croce
triema quando la uede insula porta
de lalma oue mancide ancor si scorta
si dolce in uista & si soaue in uoce
Come donna in suo albergo altera uene
scacciando de lo obscuro & graue core
chola fronte serena ipensier tristi
lalma che tanta luce non sostene
sospira & dice o benedecte lore
del di che questa uia choglioccbi apristi

NE mai pietosa madre al caro figlio
ne donna accesa al suo sposo dilecto
die con tanti sospiri con tal sospecto
in dubbio stato si fedel consiglio
come a me quella chel mio graue exiglio
mirando dal suo eterno alto rececto
spesso a me torna collusato affecto
& di doppia pietate ornata il ciglio
Hordi madre or damante or teme or arde
donesto foco & nel parlar mimostra
quel chen questo uiaggio fugga o segua
contando icasi dela uita nostra
pregando chaleuar lalma non tarde
& sol quantella parla o pace eo tregua

SE quellaura soaue de sospiri
 ch'i odo di colei che qui fu mia
donna hor e in cielo & ancor par qui sia
& uiua & senta & uada & ami & spiri
ritrar potessi or che caldi disiri
mouerei parlando si gelosa & pia
torna ou'io son tem'edo non fra uia
mi stanchi ondietro o da man manca giri
Ir dricto alto m'insegna & io ch'entendo
le sue caste lusinghe e i giusti preghi
chol dolce mormorar pietoso & basso
secondo lei conuen mi reggha & pieghi
per la dolceza che del suo dir prendo
ch'auria uertu di far pianger un sasso

SEnnuccio mio ben che doglioso & solo
 m'abbi lasciato i pur mi riconforto
per che del corpo ou'eri preso & morto
alteramente se leuato a uolo
or uedi insieme l'uno & l'altro polo
le stelle uaghe & lor uiaggio torto
& uedi il ueder nostro quanto'e corto
onde col tuo gioir tempr'ol mie duolo
Ma ben ti prego ch'en la terza spera
guitton saluti & messer cino & dante
franceschin nostro & tutta quella schiera
a la mia donna puoi ben dire inquante
lagrime io uiuo & son fact'una fera
membrando il suo bel uiso & l'opre sante

Oo pien di sospir quest aer tutto
daspri colli mirando il dolce piano
oue nacque colei chauendo in mano
mio cor in sul fiorire en sul far fructo
e gita alcielo edammi atal conducto
col subito partir che di lontano
gliocchi miei stanchi lei cercado in uano
presso di se nonlassan loco asciutto
Non e sterpo ne sasso in questi monti
non ramo ofronda uerde in queste piagge
non fiore in queste ualli o foglia derba
stilla dacqua non uen di queste fonti
ne fiere an questi boschi si seluagge
che non sappiam quanto e mia pena acerba

LAlma mia fiamma oltra le belle bella
chebbe quil ciel si amico & si cortese
anzi tempo per me nel suo paese
eritornata & a la par suo stella
hor comincio asuegliarmi & ueggio chella
per lomigliore al mio desir contese
et quelle uoglie giouenili accese
tempro chon una uista dolce & fella
Lei ne ringratio el suo alto consiglio
che col bel uiso & cho soaui sdegni
fecemi ardendo pensar mia salute
o leggiadre arti & lor effecti degni
lun cola lingua oprar laltra col ciglio
io gloria inlei & ella in me uertute

Come ual mondo or mi diletta & piace
quel che piu mi dispiacque or ueggio e sèto
che perauer salute ebbi tormento
& breue guerra per eterna pace
o speranza o desir sempre fallace
et degliamanti piu ben per un cento
o quantera il piggior far mi contento
quella chor siede in cielo en terra giace
Mal cieco amor & la mia sorda mente
mi trauiauan si chandar peruiua
forza mi conueniua doue morte era
benedecta colei cha miglior riua
uolse ilmio corso & lempia uoglia ardente
lusingando affreno perchio non pera

Quandio ueggio dalciel scender laurora
chola fronte di rose & cho crini doro
amor massale ondio mi discoloro
et dico sospirando iui e laura ora
o felice titon tu sai ben lora
da ricourare il tuo caro thesoro
ma io che debbo fare del dolce alloro
che sel uo riueder conuen chio mora
I uostri dipartir non son si duri
calmen di nocte suol tornar colei
che non a aschiuo le tue bianche chiome
le mie nocti fa triste giorni obscuti
quella che na portato e pensier miei
ne di se ma lasciato altro chel nome

Gliocchi di chio parlai si caldamente
& le braccia & le mani & piedi el uiso
che mauean si da me stesso diuiso
& facto singular da laltra gente
le crespe chiome doro puro lucente
el lampeggiar de langelico riso
che solean fare in terra un paradiso
poca poluere son che nulla sente
Et io pur uiuo onde mi doglio & sdegno
rimaso senzal lume chamai tanto
in gran fortuna en disarmato legno
or sia qui fine al mio amoroso canto
seccha e lauena de lusato ingegno
& la citera mia riuolta in pianto

S Io auesse pensato che si care
fossin le uoci de sospir miei in rima
facte laurei dal sospirar mio prima
in numero piu spesse in stil piu rare
morta colei che mi facea parlare
& che si staua de pensier miei in cima
non posso & non o piu si dolce lima
rime aspre & fosche far soaui & chiare
Et certo ogni mio studio in quel tempo era
pur disfogare il doloroso core
in qual che modo non da quistar fama
pianger cerchai non gia del pianto honore
or uorrei ben piacer ma quella altera
tacito & stanco dopo se michiama

SOleasi nel mio cor star bella & uiua
   com alta donna inloco humile & basso
   or son factio io per lultimo suo passo
   non pur mortal ma morte & ella e diua
   lalma dogni suo ben spogliata & priua
   amor de la sua luce ignudo & casso
   deurian de la pieta romper un sasso
Ma non e chilor duol riconti o scriua
   che piangon dentro ouogni orecchia e sorda
   se non la mia chui tanta doglia in gombra
   chaltro che sospirar nulla mauanza
   ueramente sian noi poluere & ombra
   ueramente la uoglia cieca en gorda
   ueramente fallace e lasperanza

SOleano imiei penser soauemente
   dilor obgecto ragionare inseme
   pieta sapressa e del tardar si pente
   forse or parla di noi o spera o teme
   poi che lultimo giorno & lore extreme
   spogliar dilei questa uita presente
   nostro stato dalciel uede ode & sente
   altra dilei non e rimaso speme
O mi racol gentile o felice alma
   o bilta senza exempio altera & rara
   che tosto e ritornata ondella uscio
   iuisa del suo ben far corona & palma
   quella chalmondo si famosa & chiara
   fe la sua gran uertute el furor mio

I Mi foglio accufare, & or mi fchufo
anzi mi pregio & tengo affai piu caro
de honefta prigion del dolce amaro
colpo chi portai gia moltanni chiufo
inuide par che fi repente il fufo
troncafte chattorcea foaue & chiaro
ftame al mio laccio & quello aurato & raro
ftrale onde morte piacque oltre noftro ufo
Che non fu dallegreza afuoi di mai
diliberta diuita alma fiua ga
che non cangiaffel fuo natural modo
togliendo anzi per lei fempre trar guai
che cantar per qualunche e di tal piaga
morir contenta & uiuere in tal modo.

DVe gran nemiche infeme erano agiunte
bellezza & honefta chon pace tanta
che mai rebellion lanima fancta
non fenti poi chaftar feco fur giunte
& or per morte fon fparfe & difgiunte
luna e nel ciel che fe ne gloria & uanta
laltra fotterra che begliocchi amanta
onde ufcir gia tantamorofe punte
Lacto foaue el parlar faggio humile
che mouea dalto loco el dolce fguardo
che piagaua il mio core ancor laccenna
fono fpariti & fal feguir fon tardo
forfe auerra chel bel nome gentile
confecrero chon quefta ftanca penna

Quando io mi uolgo indietro a mirar glianni
 channo fuggendo i miei penseri sparsi
& spentol foco oue agiacciando io arsi
& finito il riposo pien daffanni
rotta la fe de gliamorosi inganni
& sol due parti dogni mio ben farsi
luna nel cielo & laltra in terra starsi
& perduto ilguadagno de miei danni
I mi risquoto & truomi si nudo
 chi porto inuidia a dogni extrema sorte
tal cordoglio & paura o di me stesso
o mia stella o fortuna o fato o morte
o per me sempre dolce giorno e crudo
come mauete in basso stato messo

Oue la fronte che con picciol cenno
 uolgea il mio core in questa parte en quella
ouel bel ciglio & luna & laltra stella
chal corso del mio uiuer lume dienno
ouel ualor la conoscenza el senno
la corta honesta humil dolce fauella
oue son le bellezze accolte in ella
che gran tempo di me lor uoglia fenno
O ue lombra gentil del uiso humano
 chora & riposo daua a lalma stanca
& laue i miei pensier scripti eran tutti
oue colei che mia uita ebbe in mano
quanto al misero mondo & quanto manca
a gliocchi miei che mai non tien asciutti

QVanta inuidia ti porto auara terra
chabbracci quella chui ueder me tolto
& mi contendi laere del bel uolto
doue pace trouai dogni mia guerra
quanta ne porto alciel che chiude & serra
& si cupidamente a in se raccolto
lo spirto da le belle membra sciolto
& per altrui si rado si diserra
Quanta inuidia a quellanime chen sorte
anno or sua sancta & dolce compagnia
laquale io cerchai sempre contal brama
quanta la dispietata & dura morte
chauendo spento in lei la uita mia
stassi ne suoi begliocchi e me non chiama

VAlle che de lamenti miei se piena
fiume che spesso del mio pianger cresci
fere siluestre uaghi augelli & pesci
che luna & laltra uerde riua affrena
aria de miei sospir calda & serena
dolce sentier che si amaro nesci
colle che mi piacesti hor mi rincresci
oue ancor per usanza ancor mimena
Ben riconosco in uoi lusate forme
non lasso in me che da si lieta uita
son facto albergo dinfinita doglia
quinci uedeal mio bene & per queste orme
torno auedere ondel ciel nuda e gita
lasciando in terra la suo bella spoglia

LEuommi il mio penser inparte ouera
quella chio cerco & non ritruouo in terra
iui fra lor chel terzo cerchio serra
la riuidi piu bella & meno altera
per man mi prese & disse inquesta spera
sarai ancor meco sel desir non erra
io so colei che ti die tanta guerra
& compie mia giornata innanzi sera
Mio ben non cape in intellecto humano
te solo aspecto & quel che tanto amasti
& laggiuso e rimaso ilmio bel uelo
de perche tacque & allargo lamano
chal suon de decti si pietosi & casti
poco manco chio non rimasi in cielo

AMor che meco al buon tempo tistaui
fra queste riue apensier nostri amiche
& per saldar le ragion nostre antiche
meco & colfiume ragionando andaui
fior frondi herbe ombre atri onde aure soaui
ualli chiuse alti colli & piagge apriche
porto de lamorose mie fatiche
de le fortune mie tante & si graui
O uaghi habitator de uerdi boschi
oninfe e uoi chel fresco herboso fondo
del liquido cristallo alberga & pasce
idi miei fur si chiari or son si foschi
come morte chel fa cosi nel mondo
sua uentura a ciaschun daldi che nasce

MEntre chel cor da gliamorosi uermi
fu consumato en fiamma amorosa arso
diuaga fera le uestigie sparse
cerchai per poggi solitarii & hermi
& ebbi ardir cantando di dolermi
damor di lei che si dura mapparse
ma lingegno & le rime erano scharse
in quella etate a pensier noui en fermi
Quel foco e morto el copre un picciol marmo
che secol tempo fosse ito auanzando
come gia inaltri infino alla uechiezza
dirime armato onde oggi midisarmo
chonstil canuto haurei fatto parlando
romper le pietre & pianger di dolcezza

ANima bella da quel nodo sciolta
che piu bella mai seppe ordir natura
pon dal ciel mente alla mia uita obscura
da si lieti pensieri a pianger uolta
la falsa opinion dal cor se tolta
che mi fece alchun tempo acerba & dura
tua dolce uista omai tutta secura
uolgi ame gliocchi emiei sospiri ascolta
Miral gran saxo donde sorga nasce
& uedraui un che sol tra lerbe & lacque
ditua memoria & di dolor sipasce
oue giace il tuo albergo & doue nacque
il nostro amor uo chabbandoni & lasce
per non ueder ne tuoi quel chate spiacque

Quel sol che mi mostraua el camim dextro
    digire al ciel chon gloriosi passi
    tornando al sommo sole in pochi sassi
    chiusel mio lume el suo carcer terrestro
    ondio son facto un animal siluestro
    che copie uaghi solitarii & lassi
    portol cor graue & gliocchi humidi & bassi
    almondo che per me un diserto alpestro
Cosi uo ricercando ogni contrada
    ouio la uidi & sol tu che maffliggi
    amor uien meco & mostrimi ondio uada
    lei non trouio masuoi sancti uestigi
    tutti riuolti alasuperna strada
    ueggio lunge da laghi auerni & stigi

Io pensauo assai dextro esser sulale
    non perlor forza ma di chi lespiega
    per gir cantando aquel bel nodo eguale
    onde morte massolue amor milega
    trouaimi allopra uia piu lento & frale
    dun picciol ramo chui gran fascio piega
    & dissi achader ua chi troppo sale
    ne sifa ben per hom quel chel ciel nega
Mai non poria uolar penna dingegno
    non che stil graue olingua oue natura
    uolo tessendo ilmio dolce ritegno
    seguilla amor consi mirabil cura
    inadornarlo chi non era degno
    pur della uista ma fu mia uentura

QVella per chui chonsorga o cangiato arno
chon franca pouerta serue richezze
uolse in amaro sue sancte dolcezze
ondio gia uissi or me nestrugo & scarno
da poi piu uolte o riprouato indarno
alsecol cheuerra lalte bellezze
pinger cantando accio che lami & preze
ne col mio stile il suo bel uiso incarno
Le lode mai non daltra & proprie sue
chen lei fur come stelle incielo sparte
pur ardisco ombreggiare or una or due
ma poi chi giungo a la diuina parte
chun chiaro & breue sole almondo fue
iui manca lardir lingegno & larte

LAlto & nouo miracol chadi nostri
apparue almondo & star seco non uolse
che sol nemostrol ciel poi sel ritolse
per addornarne isuoi stellanti chiostri
uuol chi dipinga achi noluide & mostri
amor chen prima lamia lingua sciolse
poi mille uolte indarno allopra uolse
ingegno tempo penne carte en chiostri
Non son al sommo ancor giunte le rime
in me ilconosco & proual ben chiunche
en fino aqui che damor parli o scriua
chi sa pensare il uer tacito extime
chogni stil uince & poi sospiri adunche
beati gliocchi che lauider uiua

ZEphiro torna el bel tempo rimena
  ei fiori & lerbe sua dolce famiglia
  & garrir progne & pianger filomena
  & primauera candida & uermiglia
  ridono iprati elciel sirasserena
  gioue sallegra di mirar sua figlia
  laria lacqua laterra e damor piena
  ogni animal damar siriconsiglia
Ma per me lasso tornano ipiu graui
  sospiri che delcor profondo tragge
  quella chalciel sene porto lechiaui
  & cantare augelletti & fiorir piagge
  en belle donne honeste acti soaui
  sono un deserto & fere aspre & seluagge

QVel rosignuolo che si soaue piagne
  forse suoi figli o sua cara consorte
  di dolceza empie il cielo & le campagne
  chon tante note si pietose & scorte
  & tutta nocte par che macompagne
  & miramenti lamia dura sorte
  chaltri che me non o di chi mi lagne
  chen dee non credeuio regnasse morte
O che lieue e ingannar chi sassecura
  que duo bei lumi assai piu chel sol chiari
  chi penso mai ueder far terra obscura
  or conosco io che mia fera uentura
  uuol che uiuendo & lagrimando inpari
  come nulla quaggiu dilecta & dura

NE per sereno cielo ir uaghe stelle
ne per tranquillo mar legni spalmati
ne per campagne caualieri armati
ne per bei boschi allegre fere & snelle
ne daspectato ben fresche nouelle
ne dir damore instili alti & ornati
ne tra chiare fontane & uerdi prati
dolce cantare honeste donne & bello
Ne altro sara mai chalcor magiunga
si seco il seppe quella sepellire
che sola agliocchi miei fu lume et speglio
noia me el uiuer si grauosa & lunga
chi chiamo il fine per lo grande desire
di riueder chui non ueder ful meglio

PAssato el tempo omai lasso che tanto
con refrigerio in mezol foco uissi
passato e quella di chio piansi & scrissi
ma lasciato ma ben lapena el pianto
passato el uiso si leggiadro & sancto
ma passando idolci occhi alcor massissi
alcor giamio che seguendo partissi
lei chauolto lauea nel suo bel manto
Ellal sene porto sotterra en cielo
oue or triumpha ornata del alloro
che merito lasua inuicta honestate
cosi disciolto dalmortal mio uelo
cha forza mitien qui fussio con loro
fuor desospiri fra lanime beate

Mente mia che presaga de tuoi danni
al tempo lieto gia pensosa & trista
sintentamente ne la mata uista
requie cercaui de futuri affanni
agli acti ale parole al uiso ai panni
alla noua pieta con dolor mista
potei ben dir se del tutto eri auista
questo e lultimo di demiei dolci anni
Qual dolceza fu quella o misera alma
come ardauamo in quel punto chiuidi
gliocchi iquai non douea riueder mai
quando allor come a duo amici piu fidi
partendo in guardia la piu nobil salma
imiei cari penseri el cor lasciai

Tutta la mia fiorita & uerde etade
passaua entepidir sentia gia l foco
cha rse il mio core: et era giunto al loco
oue scende la uita chal fin cade
gia incominciaua aprender sicurtade
la mia cara nimica apoco apoco
de suoi sospecti: & riuolgeua in gioco
mie pene acerbe sua dolce honestade
Presso eral tempo doue amor siscontra
chon castitate: et agliamanti e dato
federsi in seme: & dir che loro incontra
morte ebbe inuidia al mio felice stato
anzi alla speme: & feglisi allincontra
ameza uia come nimico armato

TEmpo era omai da trauar pace o triegua
  di tanta guerra & erane in uia forse
  se non che lieti passi indietro torse
  chi ledisaguaglianze nostre adegua
  checome nebbia aluento si dilegua
  cosi sua uita subito trascorse
  quella che gia chobegliocchi miscorse
  et hor chon uien che col penser la segua
P oco auea andugiar che glianni el pelo
  cangiauano e costum onde sospecto
  non fora el ragionar del mio mal seco
  chon che honesti sospiri laurei decto
  lemie lunghe fatiche chor dal cielo
  uede son certo & duolsene ancor meco

TRanquillo porto auea monstrato amore
  allamia lunga & torbida tempesta
  fraglianni dela eta matura honesta
  che uizi spoglia et uettu ueste & honore
  gia tralucea abegliocchi ilmio core
  et lalta fede non pur lor molesta
  ai morte ria come aschiantar se presta
  ilfructo di moltanni in si poche ore
P ur uiuendo ueniasi oue deposto
  in quelle caste orecchie aurei parlando
  de miei dolci penseri lanticha soma
  et ella aurebbe ame forse risposto
  qualche sancta parola sospirando
  cangiati iuolti & luna & laltra coma

AL cader duna pianta che si suelse
come quella che ferro ouento sterpe
spargendo a terra le sue spoglie excelse
mostrando alsol la sua squalida sterpe
uidi unaltra chamor obiecto scelse
subiecto in me calliope & uterpe
chelcor mauinse & proprio albergo felse
qual per trunco o per muro edera serpe
Quel uiuo lauro oue solean far nido
glialti pensieri ei miei sospiri ardenti
chede be rami mai non mossen fronda
alciel traslato inquel suo albergo sido
lascio radici onde chon graui accenti
e ancor chi chiami & non e chi risponda

I Di miei piu leggier che nessun ceruo
fuggir come ombra & non ueder piu bene
chun batter docchio & poche hore serene
chamaro et dolci nel la mente seruo
misero mondo instabile & proteruo
del tutto e cieco chi inte pon sua spene
chen te mi sul cor tolto & hor sel tene
tal che gia terra & non giunge osso a neruo
Ma laforma miglior che uiue ancora
et uiura sempre su nel lalto cielo
disue bellezze ognor piu minamora
et uo sol inpensar cangiandol pelo
quale ella e oggi en qual parte dimora
qual auedere il suo leggiadro uelo

SEnto laura mia anticha et idolci colli
ueggio apparire ondel bel lume nacque
che tenne gliocchi miei mentre alciel piacque
bramosi & lieti & or gliten tristi & molli
o caduche speranze o pensier folli
uedoue lerbe & torbide son lacque
et uoto & freddol nido inchella giacque
nel qual io uiuo & morto giacer uolli
Sperando alfin dalle soaui piante
et da begliocchi suoi chel cor manno arso
riposo alcun delle fatiche tante
o seruito asignor crudele & scarso
chatsi quantol mio cor ebbi dauante
or uo piangendo suo cenere sparso

EQuesto el nido in che la mia fenice
mise laurate & le purpuree penne
che sotto le sue ali il mio cor tenne
& parole et sospiri anco ne elice
o del dolce mio mal prima radice
oue il bel uiso onde quel lume uenne
che uiuo & lieto ardendo mi mantenne
sol eri in terra or se nel ciel felice
Et mai lasciato qui misero & solo
tal che pien di duol sempre alloco torno
che per te consecrato honoro et colo
ueggendo a colli obscura nocte intorno
onde prendesti al ciel lultimo uolo
et doue gliocchi tuoi solean far giorno

MAi non uedranno le mie luci asciutte
cholle parti del lanimo tranquille
quelle nocti oue amor par che ffauille
& pieta di sua man labbia construtte
spirto gia inuicto alle terrene lutte
chor su dal ciel tanta dolcezza stille
chalo stil onde morte di partille
ledisuiate rime ai recondutte
D imiei tenere frondi altro lauoro
credea mostrarti & qual fero pianeta
nen uidio in seme omio nobil thesoro
chinnanzi tempo mitasconde & uieta
che col cor ueggio & colla lingua honoro
e inte dolce sospir lalma saqueta

STandomi un giorno solo alla fenestra
onde cose uedea tante & si noue
chera sol dimirar quasi gia stanco
una fera mapparue daman destra
chon fronte humana dafare arder gioue
chacciata da duo ueltri un nero un bianco
chelun & laltro fianco
della fera gentil mordean si forte
chenpoco tempo lamenaro alpasso
oue chiusa in un sasso
uinse molta bellezza acerba morte
et me fe sospirar sua dura sorte
I ndi per alto mar uidi una naue
colle sarte di seta & dor lauela
tutta dauorio & debano contesta

el mar tranquillo & laura era soaue
　　el ciel quale e se nulla nube iluela
　　ella carca di riccha merce honesta
　　poi repente tempesta
　　oriental turbo si laere & londe
　　che lanaue percosse aduno scoglio
　　o che graue cordoglio
　　breue hora oppresse et poco spatio asconde
　　lalte richezze a nullaltre seconde
I　n un boschetto nouo i rami santi
　　fiorian dun lauro giouinetto & schietto
　　chun degliarbor parea diparadiso
　　& disua ombra uscian si dolci canti
　　diuarii augelli & tanto altro dilecto
　　che dalmondo maueua tutto diuiso
　　& mirandol io siso
　　changiossil cielo intorno & tinto inuista
　　folgorando per cosse & da radice
　　quella pianta felice
　　subito suelse onde mia uita e trista
　　che simile ombra mai non si raquista
C　hiara fontana inquel medesmo bosco
　　surgea dun saxo et acque fresche et dolci
　　spargea soauemente mormorando
　　al bel seggio riposto ombroso et fosco
　　ne pastori appressauan ne bifolci
　　ma ninfe & muse a quel tenor cantando
　　iui massisi & quando piu dolcezza
　　prendea di tal concento
　　et dital uista aprir uidi uno speco

  et portarsene seco
  la fonte el loco onde ancor doglia sento
  et sol del la memoria misgomento
V na strania fenice ambe due lale
  di porpora uestita el capo doro
  uedendo per la selua altera & sola
  ueder forma celeste & inmortale
  prima pensai finchallo suelto alloro
  giunse et al fonte chelaterra inuola
  ogni cosa alfin uola
  che mirando le frondi a terra sparse
  el troncon rotto & quel uiuo humor seccho
  uolse in se stessa il beccho
  quasi sdegnando en un punto disparse
  ondel cor dipietate & damor marse
A lfin uidio per entro i fiori & lerba
  pensosa irsi leggiadra & bella donna
  che mai nol penso chio non arda & treme
  humile in se man contra amor superba
  & auea indosso si candida gonna
  si testa choro & neue parea inseme
  ma le parti suppreme
  erano auolte duna nebbia obscura
  punta poi nel tallon dun picciol angue
  come i fior colto langue
  lieta si dipartio non che secura
  ai nullaltro che pianto almondo dura
C anzon tupuoi ben dire
  queste sei uisioni al signor mio
  an facto un dolce dimorir desio

AMor quando fioriua
 mie speme elguidardon di tanta fede
tolta me quella onde attendea mercede
A idispietata morte ai crudel uita
luna ma posto in doglia
et mie speranze acerbamente a spente
laltra miten quaggiu contra mia uoglia
& lei che sene gita
seguir non posso chella nol consente
ma pur ognor presente
nel mezo del mio cor madonna siede
& qual e lamia uita ella sel uede

TAcer non posso & temo non adopre
 contrario effecto lamia lingua al core
che uorria far honore
alasua donna che dalciel nascolta
come possio se nomi insegni amore
con parole mortali aguagliar lopre
diuine & quel che copre
alta humilitate insesteffa raccolta
nella bella prigione onde or e sciolta
poco era stato ancor lalma gentile
altempo che di lei prima maccorsi
onde subito corsi
chera del lanno & dimia etate aprile
acoglier fiori in quei prati dintorno
sperando agliocchi suoi piacer si adorno
Muri eran dalabastro el tecto doro
dauorio uscio & fenestre di zaffiro

 ond el primo sofpiro
 migiunfe al cor & giugnera lextremo
 inde imeffi damor armati ufciro
 difaette & difoco ondio di loro
 coronato dal loro
 pur comor foffe ripenfando tremo
 dun bel diamante quadro & mai non fcemo
 uifiuidea nel mezo un feggio altero
 oue fola fedea la bella donna
 dinanzi una colonna
 criftallina & iui entro ogni penfero
 fcripto & fuor tralucea fi chiaramente
 che mifea lieto & fofpirar fouente
A lle pungenti ardenti & lucide arme
 alla uictoriofa infegna uerde
 contra chui in campo perde
 gioue et apollo & polifemo & marte
 ouel pianto ognor fresco & firinuerde
 giunto miuidi & non poffendo aitarme
 prefo lafciai menarme
 onde or non fo dufcir lauia ne larte
 ma fi come huom talor che piange & parte
 uede cofa che gliocchi el cor alletta
 cofi colei ger chui fono in prigione
 ftandofi adun balcone
 che fu fola afuo di cofa perfecta
 cominciai amirar contal difio
 che me fteffo elmio mal pofi in oblio
I era in terra el cor in paradifo
 dolcemente obliando ogni altra cura

et mia uiua figura
far sentia un marmo empier di marauiglia
quando una donna assai prompta et sicura
di tempo anticha & giouane del uiso
uedendomi si fiso
alla cto della fronte & delle ciglia
meco midisse meco ti consiglia
chio son daltro poder che tu non credi
et so far lieti & tristi in un momento
piu leggera chel uento
et reggo & uolgo quanto almondo uedi
tien pur gliocchi coma quila inquel sole
parti da orechi ce aqueste mie parole

Il di che costei nacque eran le stelle
che producon fra uoi felici effecti
in luoghi alti et electi
luna uer laltra con amor conuerse
uenere el padre chon benigni aspecti
tenean le parti signorili & belle
& le luci impie & felle
quasi in tutto del ciel eran disperso
il sol mai si bel giorno non aperse
laere & laterra sallegraua & lacque
per lomar auean pace & per lisiumi
fra tanti amici lumi
una nube lontana mi dispiacque
laqual temo chenpianto si risolue
se pietate altrimente il ciel non uolue

Come lla uenne in questo uiuer basso
cha dire il uer non fu degno dauerla

cosa nuoua auederla
gia sanctissima & dolce ancora acerba
parea chiusa in or fin candida perla
& or carpone or contremante passo
legno acqua terra o sasso
uerde facea chiara soaue & lerba
conle palme eo thoi pie frescha & superba
& fiorir choi begli occhi le campagne
et aquetar iuenti & le tempeste
chon uoci ancor non preste
di lingua che dallacte si scompagne
chiaro monstrando almondo sordo & cieco
quanto lume del ciel fosse gia seco
P oi che crescendo in tempo & in uertute
giunse alla terza sua fiorita etade
leggiadria ne biltade
tanta non uide elsol credo gia mai
gliocchi pien di letitia & donestade
elparlar didolceza & di salute
tutte lingue son mute
adir dilei quel che tu sol nesai
si chiaro al uolto di celesti rai
che uostra uista in lui non po fermarse
& eda quel suo bel carcere terreno
di tal foco ai ilcor pieno
chaltro piu dolcemente mai nonarse
ma parmi che sua subita partita
tosto tifia cagion damara uita
D ecto questo alla sua uolubil rota
siuolse in chella fila il nostro stame

trista & certa in diuina de miei danni
che dopo non moltanni
quella perchio o dimorir tal fame
canzon mia spense morte acerba & rea
che piu belcorpo uccider non potea

OR ai facto lextremo di tua possa
o crudel morte or ai il regno damore
impouerito or dibellezza el fiore
ellume ai spento & chiuso in poca fossa
ora ai spogliata nostra uita & scossa
dogni ornamento & del souran suo honore
ma la fama el ualor che mai non more
non e in tua forza abbit ignude lossa
Che laltro al ciel & disua chiaritate
quasi dunpiu bel sol sallegra & gloria
et fial mondo di buon sempre inmemoria
uincal cor uostro in sua tanta uictoria
angel nouo lassu dime pietate
come uinse qui il mio uostra biltate

LAura & lodore el refrigerio & lombra
del dolce lauro & sua uista fiorita
lume & riposo dimia stanca uita
tolto a colei che tuttol mondo sgombra
come a noi il sol se sua soror la dombra
cosi lalta mia luce a me sparita
ichieggio a morte incontra a morte aita
disi schuri penseri amor mingombra
Dormitai bella donna un breue sonno

or se suegliata fra gli spirti electi
oue nel suo factor lalma sinterna
et se miei rime alcuna cosa ponno
consecrata fra inobili intellecti
sia del tuo nome qui memoria eterna

L Vltimo lasso demie giorni allegri
che pochi o uisto in questo uiuer breue
giunto era & factol cor tepida neue
forse presago de di tristi & negri
qual a gia inerui ipolsi e pensieri egri
chui domestica febre assalir deue
tal misentia non sappiendio che leue
uenissel fin de miei ben non integri
G liocchi belli or in ciel chiari & felici
dellume onde salute & uita pioue
lasciando imiei qui miseri e mendici
dicean lor chon fauille honeste et noue
rimaneteui in pace o cari amici
qui mai piu no ma riuedrenne altroue

O Giorno o hora o ultimo momento
o stelle congiurate an pouerirme
o fido sguardo or che uolei tu dirme
partendio per non esser mai contento
or conosco imiei danni or mi risento
chi credeua ai credenze uane en ferme
perder parte non tutto al di partirme
quante speranze seneportal uento
C he gial contrario era ordinato in cielo

spegner lalmo mio lume ondio uiuea
et scripto era in sua dolce amara uista
ma inanzi agliocchi mera posto un uelo
che misea non ueder quel chio uedea
per far mie uita subito piu trista

QVel uago dolce caro honesto sguardo
dir parea to di me quel che tu puoi
che mai piu qui non mi uedrai dapoi
chaurai quinci il pe mosso amouer tardo
intellecto ueloce piu che pardo
pigro in antiuedere idolor tuoi
come non uedistu negliocchi suoi
quel che uedi ora ondio mistruggo & ardo
Taciti ssuauillando oltra lor modo
diciano o lumi amici che gran tempo
chon tal dolcezza feste di noi specchi
il ciel naspecta a uoi parra per tempo
ma chi nestrinse qui dissolue ilnodo
el uostro per farui ira uuol chen uecchi

SOlea dalla fontana di mia uita
allontanarmi et cercar terra & mari
non mio uoler ma mia stella seguendo
& sempre andai tal amor diemmi aita
inquelli exilii quanto e uide amari
di memoria & dispeme il cor pascendo
or lasso alzo lamano & larme rendo
allempia & uiolenta mia fortuna
che priuo ma di si dolce speranza

 sol memoria mauanza
 et pascol gran desir sol di questuna
 onde lalma uien men frale et digiuna
C ome corrier tra uia sel cibo manca
 conuen per forza tallentare il corso
 scemando lauertu chel sea gir presto
 cosi mancando alla mia uita stanca
 quel caro nutrimento in che dimorso
 die chil mondo fa ignudo el mio cor mesto
 il dolce acerbo el bel piacer molesto
 misifa dora in ora ondel cammino
 si brieue non fornir spero & pauento
 nebbia o poluere aluento
 fuggo per piu non esser pellegrino
 et cosi uada se pur mio destino
M ai questa mortal uita ame non piacque
 sastel amor chon chui spesso neparlo
 se non perlei che sul suo lume el mio
 poi chen terra morendo alciel rinacque
 quello spirito ondio uissi a seguitarlo
 licito fusse el mio sommo desio
 ma dadolermi o ben sempre per chio
 fui mal accorto aproueder mio stato
 chamor mostrommi sotto quel bel ciglio
 per darmi altro consiglio
 che tal mori gia tristo & sconsolato
 chui poco innanzi eral morir beato
N egliocchi oue habitar soleal mio core
 fin che mia dura sorte inuidia nebbe
 che disi riccho albergo ilpuose in bando

di sua man propria auea descripto amore
chon letere di pieta quel chauerebbe
tosto del mio si lungo ir disiando
bello & dolce morire era allor quando
morendio non moria mia uita inseme
anzi uiuea di me loptima parte
or miei speranze sparte
a morte & poca terra il mio ben preme
& uiuo & mai nol penso chio non treme

S e stato fossel mio poco intellecto
meco al bisogno & non altra uagheza
lauesse disuiando altroue uolto
nella fronte amadonna aurei ben lecto
al fin se giunto dogni tua dolceza
& al principio deltuo amaro molto
questo intendendo dolcemente sciolto
in sua presentia del mortal mio uelo
et di questa noiosa & graue carne
potea innanzi lei andarne
aueder preparar suo sedia in cielo
or landro dietro omai cho naltro pelo

C anzon suom truoui in suo amor uiuer queto
di muor mentre se lieto
che morte al tempo e non duol ma refugio
et chi ben puo morir non cerchi indugio

M Ia benigna fortuna eluiuer lieto
ichiari giorni & le tranquille nocti
& isoaui sospiri el dolce stile
che solea risonare in uersi en rime

uolti subitamente in doglia en pianto
odiar uita mifano & bramar morte

Crudele acerba inexorabil morte
cagion midai di mai non esser lieto
ma di menar tutta mia uita in pianto
ei giorni obscuri & le dogliosi nocti
imiei graui sospir non uanno in rime
el mio duro martir uince ogni stile

Oue e conductoil mio amoroso stile
aparlar dira aragionar di morte
u sono iuersi u sou giunte lerime
che gentil cor udia pensoso & lieto
ouel fauoleggiar damor lenocti
or non parlio ne penso altro che pianto

Gia mi fu col desir si dolce il pianto
che condia di dolceza ogni agro stile
et ueghiar mifacea tutte lenocti
orme elpianger amaro piu che morte
non sperando mai ilguardo honesto e lieto
alto suggetto allemie basse rime

Chiaro segno amor pose alle mie rime
dentro abegliocchi & hor la posto in pianto
chon dolor rimembrando il tempo lieto
ondio uo chol pensier cangiando stile
& ripregando te pallida morte
che misottragghi a si penose nocti

Fuggito el sonno ale mie crude nocti
elsuono usato alemiei roche rime
che non sanno tractar altro di morte
cosi el mio cantar conuerso in pianto

   non al regno damor si uario stile
   che tanto or tristo quanto mai fu lieto
N essun uisse giamai piu di me lieto
   nessun uiue piu tristo & giorni & nocti
   & doppiandol dolor doppia lostile
   che trae del cor si lagrimose rime
   uissi dispeme or uiuo pur di pianto
   ne contro amorte spero altro che morte
M orte ma morto & sola puo far morte
   chio torni ariueder quel uiso lieto
   che piacer mi facea sospiri el pianto
   laura dolce & la pioggia alemie nocti
   quando ipenseri electi tessea in rime
   amor alzando ilmio debile stile
O r auessio un si pietoso stile
   che laura mia potesse torre amorte
   come crudice orpheo sua senza rime
   chi uiuerei ancor piu che mai lieto
   sesser non puo qualchuna deste nocti
   chiuda omai queste due fonti dipianto
A mor i o molti & moltanni pianto
   mie graue danno in doloroso stile
   ne da te spero mai men fere nocti
   & pero mison mosso apregar morte
   che mitolla di qui per farmi lieto
   oue colei chi canto & piango in rime
S esi alto pongir mie stanche rime
   cha giungan lei che fuor dira & dipianto
   et sal ciel or disuo belleze lieto
   ben riconosceral mutato stile

che gia forse le piacque anzi che morte
chiaro alei giorno a me fesse atre nocti
O uoi che sospirate amiglior nocti
cha scoltate damore odite in rime
pregate non mi sia piu sorda morte
porto delle miserie et fin del pianto
muti una uolta quel suo antico stile
chogni buom atrista & me puo far si lieto
F armi puo lieto in una on poche nocti
& inaspro stile en angosciose rime
prego chel pianto mio finisca morte

I Te rime dolenti alduro sasso
chel mio caro thesor interra ascondo
iui chiamate chi dalciel risponde
ben chel mortal sia in loco obscuro ebasso
ditele chio son gia diuiuer lasso
del nauigar per queste horribili onde
ma ricogliendo lesue sparse fronde
dietro leuo pur cosi passo passo
S ol dilei ragionando uiua è morta
anzi pur uiua & hor facta in mortale
accio chel mondo laconosca & ame
piacciale almio passar essere accorta
che presso omai siami allincontro et quale
ella e nel cielo a se mitiri et chiamo

S Onesto amor puo meritar mercede
et sepieta ancor puo quantella sole
mercede auto che piu chiara chel sole

amadonna et almondo e la mia fede
gia di me pauentosa or sa nol crede
che quello stesso chor per me si uuole
sempre si uolse et sella udia parole
o uedeal uolto or lanimo elcor uede
Ondi spero chenfin alciel si doglia
di miei tanti sospiri et cosi mostra
tornando ame si piena di pietate
et spero chal porgiu di questa spoglia
uenga per me con quella gente nostra
uera amica di christo et donestate

Vidi fra mille donne una gia tale
chamorosa paura el cor massalse
mirandola in ymagini non false
a li spirti celesti in uista eguale
niente in lei terreno era o mortale
si come a chui del ciel non daltro calso
lalma charse per lei si spesso et alse
uaga dir seco a perse ambedue lale
Ma troppera alta almio peso terrestre
et poco poi nusci in tutto diuista
di che pensando ancor maghiaccio et torpo
o belle et alte et lucide fenestre
onde colei che molta gente attrista
trouo lauia dentrare in si bel corpo

Tornami amente anzi ue dentro quella
chindi per lethe esser non puo sbandita
qual io lauidi in su leta fiorita

tutta accesa de raggi di sua stella
si nel mio primo occorso honesta et bella
ueggiola in se raccolta & si romita
chi grido elle ben dessa ancor e in uita
en don le cheggio sua dolce fauella
Talor responde et talor non fa motto
i comuhom cherra et poi piu dritto e stima
dico a lamente mia tu sengannata
sai chen mille trecento quarantotto
el di sexto da prile in lora prima
del corpo uscio quellanima beata

Questo nostro caduco et fragil bene
che uento et ombra et a nome beltate
non fu gia mai se none in questa etate
tutto inuncorpo et cio fu per mie pene
che natura non uuol ne si conuiene
per far ricco un porghaltri in pouertate
or uerso in mia ogni sua largitate
per donimi qual e bella o si tene
Non fu simil belleza anticha o noua
ne sara credo ma fu si couerta
chappena senaccorse il mondo errante
tosto disparue ondel cangiar mi gioua
la poca uista ame dal cielo oferta
sol per piacer a le sue luci sancte

O Tempo ociel uolubil che fuggendo
in ghanni i ciechi & miseri mortali
o di ueloci piu cheuento & strali

ora ab experto noſtre frodi intendo
ma ſcuſo uoi et me ſteſſo riprendo
che natura auolar uaperſe lali
a me diede occhi et io pur ne mie mali
litenni onde uergogna et dolor prendo
Et ſarebbe ora et e paſſata omai
diriuoltargli in piu ſecura parte
et poner fine a glinfiniti guai
ne dal tuo giogo amor lalma ſi parte
ma dal ſuo mal chon che ſtudio tul ſai
non a caſo e uertute anzi e bellarte

QVel che dodore et di color uincea
lodorifero et lucido oriente
fructi fiori herbe et frondi ondel ponente
dogni rara excellentia il pregio auea
dolce mio lauro oue habitar ſolea
ogni belleza ogni uertute ardente
uedeua a la ſua ombra honeſtamente
il mio ſignor federſi et lamia dea
Ancor io il nido de penſeri electi
poſi inquellalma pianta enfoco engelo
tremando ardendo aſſai felice fui
pieno era il mondo de ſuoi honor perfecti
allor che dio per adornarne el cielo
la ſi ritolſe et coſa era da lui

LAſciato ai morte ſenza ſole el mondo
oſcuro et freddo amor cieco et inherme
leggiadria ignuda le bellezze inferme

me sconsolato et ame graue pondo
cortesia inbando et honestate infondo
doggliomio sol ne sol da dolerme
che sueltai di uertute il chiaro germe
spento il primo ualor qual fia il secundo
Pianger laer & laterra el mar deurebbe
lumano legnaggio che senzella e quasi
senza fior prato o senza gemma anello
non la conobbe elmondo mentre lebbe
conobbilio cha pianger qui rimasi
el ciel che del mio pianto or si fa bello

Conobbi quanto il ciel gliocchi maperse
quanto studio et amore malzaron lali
cose noue & leggiadre ma mortali
chen un soggetto ogni stella cosperse
laltre tante si strane & si diuerse
forme altere celesti & inmortali
per che non furo allintellecto eguali
la mia debile uista non sofferse
Onde quantio di lei parlai ne scrissi
chor per lo di anzi a dio preghi mi rendi
fu breue stilla dinfiniti abyssi
che stilo oltra lingegno non si stende
et per auer huom gliocchi nel sol fissi
tanto si uede men quanto piu splende

DEl cibo ondel signor mio sempre abbonda
lagrime & doglia el cor lasso nudrisco
et spesso tremo &spesso in palidisco

 pensando a la sua piaga aspra & profonda
 ma chi ne prima simil ne seconda
 ebbe al suo tempo alletto inchio languisco
 uien tal chapena arimirar lardisco
 & pietosa sa side insu la sponda
C on quella man che tanto desiai
 masciuga gliocchi & col suo dir mapporta
 dolceza chuom mortal non sentimai
 che ual dice asauer chi si sconforta
 non pianger piu non mai tu pianto assai
 chor fustu uiuo comio non son morta

D Olce mio caro & pretioso pegno
 che natura mi tolse el ciel miguarda
 de come e tua pieta uerme si tarda
 o usato dimia uita sostegno
 gia suotu far el mio sonno almen degno
 de la tua uista & or sostien chio arda
 sanzalchun refrigerio & chil retarda
 pur lassu non alberga ira ne sdegno
O nde quaggiuso unben pietoso core
 talhor si pasce de li altrui tormenti
 si chelli e uinto nel suo regno amore
 tu che dentro mi uedi el mio mal senti
 et sola puoi finir tanto dolore
 chon la tua ombra acqueta imiei lamenti

D Olci dureze et placide repulse
 piene di casto amore et di pietate
 leggiadri sdegni che lemie infammate

uoglie tempraro or menaccorgo enfulfe
gentil parlar in chui chiaro refulfe
Con somma cortesia somma honestate
fior diuertu fontana dibeltate
chogni basso penser del cor mauulfe
D iuino fgurdo da far luom felice
or fiero in affrenar lamente ardita
aquel che giustamente si disdice
or presto a confortar mia frale uita
questo bel uariar fu la radice
dimie salute chaltrimenti era ita

SPirto felice che si dolcemente
uolgei quellocchi piu chiari chel sole
et formaui e sospiri et le parole
uiue chancor mi sonan nel lamente
gia tiuidio donesto foco ardente
mouer i pie fra lerbe et le uiole
non come donna ma comangel sole
di quella chor me piu che mai presente
L a qual tu poi tornando altuo factore
lasciasti interra et quel soaue uelo
che per alto destin ti uenne in sorte
nel tuo partir parti del mondo amore
et cortesia el sol chadde del cielo
et dolce in comincio farsi lamorte

VAgo augelletto che cantando uai
ò uer piangendo il tuo tempo passato
uedendoti la nocte eluerno allato

el di dopo lespalle ei mesi gai
se come i tuoi grauosi affanni sai
cosi sapessi il mio simile stato
uerresti in grembo a questo sconsolato
a partir seco i dolorosi guai
I non so sele parti sarian pati
che quella chui tu piangi e forse inuita
dichami morte el ciel son tanto auari
ma la stagione et lora men gradita
chol membrar de dolci anni et de gliamati
apalar teco con pieta miniuta

DE porgi mano allaffannato ingegno
amore et alo stile stanco et frale
per dir di quella che facta in mortale
et cittadina del celeste regno
dammi signor chel mio dir giuga al segno
dele sue lode oue per se non sale
se uertu se bilta non ebbe eguale
il mondo che dauer lei non fu degno
R esponde quantol ciel et io possiamo
ei bon consigli el conuersar honesto
tutto fu in lei di che noi morte a priui
forma pur non fu mai dal di chadamo
a perse gliocchi inprima e basti or questo
piangendo il dico e tu piangendo scriui

QVando il soaue mio fido conforto
per dar riposo alamia uita stancha
ponsi del lecto in sula sponda mancha

con quel suo dolce ragionare accorto
tutto di pieta et di paura et smorto
dico onde uien tu ora o felice alma
un ramuscel di palma et un di lauro
trae del suo bel seno
et dice dal sereno
ciel empireo et di quelle sancte parti
mi mossi et uengo sol per consolarti
In acto et in parole la ringratio
humilemente et poi dimando or donde
sai tu el mio stato et ella le triste onde
del pianto di che mai tu non sei satio
collaura de sospir per tanto spatio
passano al cielo et turban la mia pace
si forte ti dispiace
che di questa miseria sia partita
et giota amiglior uita
che piacer ti deuria se tu mamasti
quanto in sembianti et ne tuo dir mostrasti
Rispondo io non piango altro che me stesso
che son rimaso in tenebre en martire
certo sempre del tuo al ciel salire
come di cosa chom uede dapresso
come dio et natura aurebben messo
in un cor giouinil tanta uertute
se leterna salute
non fusse destinata al tuo ben fare
o delanime rare
chaltamente uiuesti qui tranoi
et che subito al ciel uolasti poi

Ma io che debbo altro che pianger sempre
misero et sol che senza te son nulla
chor fossio spento al lacte et a lacbulla
per non prouar de lamorose tempre
et ella a che pur piangi et ti distempre
quanto era meglio alzar da terra lali
et lecose mortali
et queste dolci tue fallaci ciance
librar con giusta lance
et seguir me seuer che tanto mami
chogliendo omai qual chun di questi rami

I o uolea dimandar rispondio allora
che uogliono importar quelle due frondi
et ella tu medesmo ti rispondi
tu la chui penna tanto luna honora
palma e uictoria et io giouane ancora
uinsi il mondo et me stessa illauro segna
triumpho ondio son degna
merze diquel signor che mi die forza
or tu saltri tisforza
alui ti uolgi alui chiedi soccorso
si che sian seco al fine del tuo corso

S on questi ecapei biondi et laureo nodo
dichio chancor mistringe et quei belliocchi
che fur mio sol non errar congli sciocchi
ne parlar dice o creder allor modo
spirito ignudo sono enciel migodo
quel che tu cerchi e terra gia molti anni
ma per trarti daffanni
me dato aparer tale et ancor quella

sara piu che mai bella
a te piu cara si seluaggia et pia
saluando in seme tua salute et mia
I piango et ella iluolto
cholle sue man masciuga et poi sospira
dolcemente et sadira
con parole cheisassi romper ponno
et dopo questo si parte ella el sonno

DE qual pieta qual angel fu si presto
aportar sopral cielo il mio cordoglio
chancor sento tornar pur come soglio
madonna in quel suo acto dolce honesto
adaquetare il cor misero & mesto
piena si dummilta uota dargoglio
en somma tal chamorte io miritoglio
et uiuo el uiuer piu non me molesto
B eata se che po beare altrui
chola suo uista ouer cole parole
intellecte da noi soli ambe dui
fedel mio caro assai di te mi dole
ma pur per nostro ben dura ti fui
dice & cosaltre darrestare ilsole

RIpensando aquel choggi il cielo honora
soaue sguardo alchinar laurea testa
aluolto aquella angelica emodesta
uoce che maddolciua & hor maccora
gran merauiglia e comio uiua ancora
ne uiurei gia se chi tra bella e honesta

qual fu piu lafcio in dubbio non fi prefta
fuffe almio fcampo la uerfo laurora
O che dolci accoglienze et cafte et pie
et come intentamente afcolta et nota
la lunga ftoria delle pene mie
poi chel di chiaro par che la per quota
tornafi al ciel che fa tutte leuie
humida liocchi et luna et laltra gota

LAura mia facra almio ftanco ripofo
fpira fi fpeffo chi prendo ardimento
di dirle ilmal chi o fentito & fento
che uiuendo ella non farei ftato ofo
i incomincio da quel guardo amorofo
che fu principio a fi lungo tormento
poi feguo come mifero et contento
di di in di dora in ora amor ma rofo
Ella fi tace & di pieta depinta
fifo mira pur me parte fofpira
et di lagrime honefte iluifo adorna
ondi lanima mia dal dolor uinta
mentre piangendo allor feco fadira
fciolta dal fonno a fefteffa ritorna

FV forfe un tempo dolce cofa amore
non per chi fappia ilquando hor e fi amara
che nulla piu ben fal uer chilimpara
chomo fattio chon mio graue dolore
quella che fu del fecol noftro honore
or e del ciel che tutto orna et rifchiara

se mia requie asuoi giorni et breue & rara
or ma dogni riposo tracto fore

O gni mio ben crudel morte ma tolto
ne gran prosperita il mio stato auerso
po consolar diquel bel spirto sciolto
piansi et cantai non so piu mutar uerso
ma di et nocte il duol nelalma accolto
per la lingua et per liocchi ssogo et uerso

S Pinse amor et dolor oue ir non debbo
lamia lingua auiata alamétarsi
adir di lei per chio cantai et arsi
quel che se fusse uer corto sarebbo
chassa il mio stato rio quetar douerebbe
quella beata el cor iticonsolarsi
uedendo tanto lei domesticarsi
chon colui che uiuendo incor sempre ebbe

E t ben maqueto et mestesso consolo
ne uorrei riuederla inquesto inferno
anzi uoglio morire et uiuer solo
che piu bella chemai chon locchio interno
chon liangeli la ueggio alzata auolo
apic del suo et mio singore eterno

L Iangeli electi & lanime beate
cittadine del cielo il primo giorno
che madonna passo le fur dintorno
piene di merauiglia et di pietate
che luce e questa et qual noua biltate
dicean tralor perchabito si adorno

dal mondo errante a questalto soggiorno
non sali mai in tutta questo etate
lla contenta auer cangiato albergo
siparagona pur choi piu perfecti
et parte ador a ador siuolge atergo
mirando sio laseguo & par chaspecti
ondio uoglie et pensier tutti alciel ergo
per chi lodo pregar pur chi massretti

DOnna che lieta chol principio nostro
tistai come tua uita alma richiede
assisa in alta & gloriosa sede
et daltro ornata che di perle o dostro
o delle donne altero et raro mostro
or nel uolto dilui che tutto uede
uedil mio amore & quella pura sede
per chio tante uersai lagrime en chiostro
t senti cheuer te il mio core in terra
tal fu qual ora e in cielo et mai non uolsi
altro da te chel sol degliocchi tuoi
dunque per amendar la lunga guerra
per chui dal mondo ate sola miuolsi
prega chi uenga tosto astar con uoi

DA piu belliocchi et dal piu chiaro uiso
che mai splendesse,et da piu bei capelli
che facean loro,el sol parer men belli
dapiu dolce parlare,et dolce riso
dalle man,da le braccia;che conquiso
senza muouersi aurian quai piu rebelli

far damor mai da piu bei piedi snelli
dalla persona facta in paradiso

P rendean uita i miei spirti orna dilecto
il re celeste i suoi alati corrieri
et io son qui rimaso ignudo, et ciecco
sol un conforto alle mie pene aspecto,
chella che uede tutti miei penseri,
mimpetri gratia chi possa esser seco

E Mi par dor inora udire il messo
che madonna mimandi ase chiamando
cosi dentro et di for mi uo cangiando
et sono in non moltanni si dimesso
chapena riconosco omai mestesso
tuttol uiuer usato o messo in bando
sarei contento di sapere ilquando
maput dourebbe el tempo esser dapresso

O felice quel di che del terreno
carcere uscendo lasci rotta et sparta
questa mia graue et frale et mortal gonna
et da si folte tenebre miparta
uolando tanto su nel bel sereno
chiueggia il mio signore et lamia donna

O Gni giorno mipar piu di millanni
chi segua lamia fida & cara duce
che mi condusse almondo or mi conduce
per miglior uia auita senza affanni
et nonmi posson ritener glinganni
del mondo chil conosco et tanta luce

dentro almio core in fin dal ciel traluce
chin comincio acontar il tempo edanni
Ne minacce temer debbo dimorte
chel re sofferse chon piu graue pena
per farmi a seguitar constante et forte
et or nouellamente in ogni uena
intro dilei che mera data insorte
et non turbo la sua fronte serena

NOn po far morte il dolce uiso amaro
mal dolce uiso dolce po far morte
che bisogna amorir ben altre scorte
quella miscorge ondogni bene imparo
quei che del suo sangue non fu auaro
che chol pe ruppe le tartaree porte
chol suo morir par chemi riconforte
dunque uien morte il tuo uenir me caro
et non tardar cheglie ben tempo omai
et se non fusse e fultempo in quel punto
che madonna passo di questa uita
dallor innanzi undi non uissi mai
seco fui in uia & seco al fin son gionto
et mia giornata o co suoi pie fornita

QVel antiqo mio dolce empio signore
facto citar dinanzi ala reina
chela parte diuina
tien di nostra natura;en cima sede
iui chomoro che nel foco affina
mi rappresento carco di dolore

di paura et dorrore:
quasi huom che teme morte, et ragion chiede:
encomincio: madonna il manco piede,
giouinetto posio nel costui regno:
ondaltro chira, et sdegno:
non ebbi mai: & tanti, et si diuersi
tormenti iui soffersi:
chal fine uinta fu quel linfinita,
mia patientia: enodio ebbi lauita.

Cosi l mio tempo in fin qui trapassato:
e in fiamma, en pene: & quante utili honeste
uie sprezzai: quante feste:
per seruir questo lusinghier crudele.
et qual ingegno a si parole preste:
che stringer possal mio infelice stato:
et le mie, desto ingrato,
tante, et si graui, et si giuste querele.
o poco mel molto aloe chon fele
in quanto amaro a la mia uita auezza:
con sua falsa dolcezza,
laqual mattrasse allamorosa schiera.
che (si non minganno) era
disposto asolleuarmi, alto da terra.
e mi tolse di pace et pose in guerra.

Questi ma facto men amare idio,
chi non doua: et men curar me stesso.
per una donna o messo:
egualmente in non cale ogni pensero.
dicio me stato consiglier solesso:
sempre aguzzando il giouinil desio

   alimpia corte ondio
   sperai riposo al suo giogo aspro et fero.
   misero a che quel chiaro ingegno altero:
   et laltre doti a me date dal cielo:
   che uo cangiandol pelo:
   ne cangiar posso lostinata uoglia.
   cosi intutto mi spoglia,
   diliberta questo crudel chi accuso.
   chamaro uiuer ma uolto indolce uso.
C ercar ma facto diserti paesi:
   fiere & ladri rapaci ispidi dumi:
   dure genti & costumi:
   & ogni error che pellegrini intricha:
   monti ualli paludi mari & fiumi:
   mille lacciuoli in ogni parte tesi:
   eluerno instrani mesi:
   chon piccol presente & chon faticha.
   ne costui ne quellaltra mia nimicha,
   chi fugia milasciauan sol un punto.
   onde si non son giunto,
   anzi tempo damorte acerba & dura:
   pieta celeste a cura,
   dimia salute non questo tiranno:
   che del mio duol sipasce e del mio danno.
P oi che suo fui non ebbi ora tranquilla:
   ne spero auer et lemie nocti il sonno
   sbandiron & piu non ponno,
   per herbe o per incanti a se ritratlo.
   per inganni et per forza e facto donno
   soura miei spirti non sono poi squilla:

ouio sia in qualche uilla
chi non ludisse:ei sa cheluero parlo:
che legno uecchio mai non rose tarlo:
come questi;l mio core:in che sannida:
et di morte loffida.
quinci nascon le lagrime;ei martiri:
le parole;ei sospiri:
dichio miuo stanchando;et forse altrui.
giudica tu;che me conosci;et lui.

I l mio aduersario;chon agre rampogne
comincia:o donna intendi laltra parte:
chel uero onde si parte
questingrato dira;senza difecto.
questi in sua prima eta fu dato alarto;
dauender parolette;anzi menzogne;
ne par che si uergogne;
tolto da quella noia al mio dilecto
lamentarsi di me;che puro;& necto
contral desio;che spesso el suo mal uole:
lui tenni;ondor si dole;
in dolce uita:chei miseria chiama.
salito in qual che fama:
solo per me;chel suo intellecto alzai:
oualzato per se non fora mai.

E i sa;chel grande atride;et lalto achille:
et hannibal;alterren uostro amaro:
et di tutti il piu chiaro:
unaltro:et di uertute;& di fortuna:
comaciascun le sue stelle ordinaro:
lasciai cader in uile amor dancille:

et acostui di mille
donne electe excellenti,ne lessi una:
qual non siuedra mai sotto laluna:
benche lucretia ritornasse a roma·
et si dolce idioma
le diedi et un cantar tanto soaue:
che penser basso o graue,
non pote mai durar dinanzi alei·
questi fur chon costui linganni mei·
Questo fu il fel:questi li sdegni & lire
piu dolci assai che dinullaltra iltutto
di bon seme mal fructo
mieto & tal merito a chingrato serue
si lauea sotto lali mie conducto
cha donne et caualier piacea il suo dire
& si alto salire
il feci che tra caldi ingegni serue
il suo nome et de suoi decti conserue
si fanno chon dilecto in alcun loco
chor saria forse un roco
mormorador di certi un humo del uulgo
i lexalto & diuulgo
per quel chellinparo nellamia scola
& da colei che fu nel mondo sola
Et per dir alestremo il gran seruigio
da mille acti inhonesti lo ritracto
che mai peralchun pacto
allui piacer non poteo cosa uile
giouene schiuo et uergognoso inacto
et inpenser poi che facto era huom ligio

di lei chalto uestigio
limpresse alcore et fecel suo simile
quanto a delpellegrino & del gentile
da lei tene et da me di chui sibiasma
mai nocturno fantasma
derror non fu si pien comei uer noi
che ingratia dapoi
che neconobbe a dio & alagente
dicio il superbo si lamenta & pente
A ncor:& questo e quel che tutto auanza
dauolar sopralciel liauea datali:
perle cose mortali
che son scala al factor chi ben lextima
chemirando ei ben fiso quante & quali
eran uertuti inquella sua speranza:
duna inaltra sembianza:
potea leuarsi alalta cagion prima·
et ei ladecto alcunauolta in rima:
or ma posto in oblio chon quella donna:
chi lidie per colonna:
della sua frale uita·a questo un strido
lagrimoso alzò et gridò:
ben me ladie ma tosto laritolse·
risponde io no: ma chi per se lauolse
A lfin ambo conuersi al giusto seggio:
i con tremanti:ei chon üoci alte & crude:
ciaschun per se chonchiude:
nobile donna tua sententia attendo·
ella allor sorridendo:
piacemi auer uostre questioni udite·
mapiu tempo bisogna a tanta lite

Dicemi spesso el mio fidato speglio
lanimo stanco et la cangiata scorza
et la scemata mia destreza et forza
non ti nasconder piu tu se pur ueglio
obedir a natura in tutto e il meglio
cha contender chólei il tempo nesforza
subito allor comacqua ilfoco amorza
dun lungo et graue sonno mirisueglio
Et ueggio ben chel nostro uiuer uola
et chesser non si puo piu duna uolta
en mezol cor mi sona una prola
di lei che or da le suo bel nodo sciolta
ma ne suo giorni almondo fu si sola
cha tutte si non erro fama a tolta

Volo chon lali de pensieri al celo
sispesse uolte che quasi undiloro
esser mipar channo iui il suo thesoro
lasciando in terra lo squarciato uelo
talor mitrema elcor dun dolce gelo
uedendo lei per chio mi discoloro
dirmi amico or tamio & or tonoro
per chai costumi uariati el pelo
Menami alsuo signor allor minchino
pregando humilemente che consenta
chi stia aueder luno & laltro uolto
risponde egli e ben fermo iltuo destino
et pertardar ancor uentanni o trenta
parra a te troppo et non sia pero molto

MOrte a spento quel sol chabbagliar suolmi
en tenebre son gliocchi interi & saldi
terra e quella ondio ebbi & freddi & caldi
spenti son miei lauri or querce & olmi
di chio ueggiol mio ben & parte duolmi
non e chi faccia & pauentosi & baldi
emiei penseri uecchi gliaghiacci & scaldi
ne chi gliempia dispeme et diduol colmi
Fuor diman di colui che punge & molce
che gia fece di me si lungo stratio
mitrouo in libertate amara & dolce
et alsignor chiadoro & chio ringratio
che pur colciglio ilciel gouerna & folce
torno stanco diuiuer non che satio

TEnnemi amor anni uentuno ardendo
lieto nel fuoco et nel duol pien dispeme
poi che madonna el mio cor seco inseme
saliro alciel dieci altri anni piangendo
omai son stanco et mia uita reprendo
ditanto error che diuirtute il seme
a quasi spento & lemie parti extreme
alto dio ate diuotamente rendo
Pentito & tristo demiei si spesi anni
che spender si deueano in miglior uso
in cercar pace & in fuggire affanni
signor chen questo carcer mai rinchiuso
tramene saluo da glieterni danni
chi conoscol mio fallo & nollo schuso

I Vo piangendo imiei paſſati tempi
iquai poſi in amar coſa mortale
ſenza leuarmi auolo auendo io lale
per dar forſe dime non baſſi exempi
tu che uedi imiei mali indegni et empi
re del cielo inuiſibile immortale
ſoccorri alalma diſuiata & frale
elſuo difecto di tua gratia adempi
S i che ſio uiſſi inguerra & intempeſta
mora in pace & in porto & ſela ſtanza
fu uana almen ſia lapartita honeſta
aquel poco diuiuer che mauanza
et almorir degni eſſer tua man preſta
tu ſai ben chen altrui non o ſperanza

I O uo penſando & nel penſer maſſale
una pieta ſi forte di me ſteſſo
che mi conduce ſpeſſo
adaltro lagrimar chi non ſoleua
che uedendo ogni giorno il fin piu preſſo
mille fiate o chieſte adio quellale
chollequal del mortale
charcer noſtro intellecto al ciel ſi leua
ma infin aqui niente mi releua
prego o ſoſpiro o lagrimar chi faccia
e coſi per ragion conuien che ſia
che chi poſſendo ſtar cadde fra uia
degno e cha mal ſuo grado aterra giaccia
quelle pietoſe braccia
in chio miſido ueggio aperte ancora

  ma temenza maccora
  per glialtrui exempli & del mio stato tremo
  chaltri misprona & son forse alextremo
L un penser parla cholamente & dice
  che pur agogni onde soccorso attendi
  misera non intendi
  chon quanto tuo disnore iltempo passa
  prendi partito accortamente prendi
  et del cor tuo diuelli ogni radice
  del piacer che felice
  nol puo mai fare & respirar non lassa
  se gia e gran tempo fastidita & lassa
  se di quel falso dolce sugitiuo
  chel mondo traditor puo dare altrui
  a che ripon piu lasperanza inlui
  che dogni pace & di fermeza e priuo
  mentre chel corpo e uiuo
  ai tul freno inbalia de pensier tuoi
  destringilo or che puoi
  che dubbioso eltardar come tu sai
  el cominciar non fia per tempo mai
G ia sai tu ben quanta dolceza porse
  agliocchi tuoi la uista di colei
  la quale ancor uorrei
  cha nascer fosse per piu nostra pace
  ben tiricordi & ricordar tendei
  della imagine sua quandella corse
  al cor la doue forse
  non potea fiamma entrar per altrui face
  ella laccese & se lardor fallace

duro moltanni in aspectando ungiorno
che per nostra salute unqua non uene
or ti solleua apiu beata spene
mirandol ciel che ti siuolue intorno
inmortal & adorno
che doue del mal suo quagiu si lieta
uostra uagheza acqueta
un mouer docchi un ragionar un canto
quanto sia quel piacer se questo e tanto
D alaltra parte un penser dolce et agro
chon faticosa & dilecteuol salma
sedendosi entro lalma
premel cor di desio di speme il pasce
che sol per fama gloriosa & alma
non sente quandio aghiaccio o quandio flagro
si son pallido o magro
et sio luccido piu forte rinasce
questo dallor chi maddormiua in fasce
uenuto e di di in di crescendo meco
& temo chun sepolcro ambe duo chiuda
poi che sia lalma delle membra ignuda
non po questo desio piu uenir seco
ma sellatino el greco
parlan di me dopo lamorte e un uento
ondio perche pauento
adunar sempre quel chunora sgombre
uorrel uer abbracciar lassando lombre
M a quellaltro uoler di chi son pieno
quanti presso allui nascon par cha dugge
e parte iltempo fugge

che scriuendo daltrui di me non calme
el lume debegliocchi chemi strugge
soauemente al suo caldo sereno
miritien con un freno
contra chui nullo ingegno o forza ualme
che gioua dunque perche tutta spalme
lamia barchetta poi chen fra gliscogli
e ritenuta ancor da ta duo nodi
tu che daglialtri chen diuersi modi
leganol mondo in tutto mi disciogli
signor mio che non togli
omai daluolto mio questa uergogna
chen guisa duom che sogna
auer la morte inanzi gliocchi parme
et uorrei far difesa & nono larme

Quel chi so ueggio & nonminganna iluero
mal conosciuto anzi missorza amore
che la strada donore
mai non lascia seguire chi troppo il crede
& sento ador ador uenirmi alcore
un leggiadro disdegno aspro & seuero
chogni occulto pensero
tira in mezo lafronte oualtril uede
che mortal cosa amar chontanta fede
quanta a dio sol per debito conuiensi
piu si disdice achi piu pregio brama
& questo adalta uoce anco richiama
laragione suiata dietro a sensi
ma perche loda & pensi
tornare ilmal costume oltre laspingne

& agliocchi depingne
quella che sol per farmi morir nacque
percha me troppo & a sestessa piacque
Ne so che spatio misidesse il cielo
quando nouellamente io uenni in terra
a soffrir laspra guerra
che contra me medesmo seppi ordire
ne posso ilgiorno chelauita serra
antiueder per locorporeo uelo
ma uariarsi'l pelo
ueggio & dentro changiarsi ogni desire
or chi mi credo altempo delpartire
esser uicino o non molto dalunge
come chil perder face accorto & saggio
uo ripensando ouio lasai'l uiaggio
dala man dextra chabuon porto agiunge
et dalun lato punge
uergogna & duol chendietro mi riuolue
dalaltro non massolue
un piacer per usanza in me si forte
cha patteggiar nardisce cholla morte
anzon qui sono et ol cor uia piu freddo
della paura che gelata neue
sentendomi perir senzal chun dubbio
che pur diliberando o uolto al subbio
granparte omai delamia tela breue
ne mai peso fu greue
quanto quel chi sostengo in tale stato
che co lamorte allato
cerco del uiuer mio nouo consiglio
& ueggiol meglio & alpiggior mapiglio

VErgine bella che di sol uestita
coronata di stelle, al sommo sole
piacesti si, chen te sua luce ascose:
amor mi spinge a dir di te parole:
ma non so cominciar senza tua aita:
et di colui chamando in te si pose.
inuoco lei che ben sempre rispose
chi lachiamo con fede.
uergine sa merzede,
miseria extrema del humane cose
giamai ti uolse, al mio prego tinchina:
soccorri alamia guerra:
benchi sia terra, et tu del ciel regina.
Vergine saggia, & del bel numero una
delebeate uergini prudenti.
anzi la prima, & con piu chiara lampa.
o saldo schudo de lafflicte genti
contra colpi di morte, & di fortuna
sottol qual si triumpha, non pur scampa.
o refrigerio al cieco ardor, cha uampa
qui fra imortali sciocchi:
uergine que begliocchi:
che uider tristi laspietata stampa.
ne dolci membri del tuo caro figlio:
uolgi al mio dubbio stato:
che sconsigliato a te uen per consiglio.
Vergine pura dogni parte intera
del tuo parto gentil figliuola & madre:
challumi questa uita & laltra adorni.
per te il tuo figlio & quel del sommo padre

o feneftra del ciel lucente altera
uenne afaluarne in fu gliextremi giorni
et fra tutti terreni altri foggiorni
fola tu fofti electa
uergine benedecta
chel pianto deua in allegreza torni
fammi che puoi della fua gratia degno
fenza fine o beata
gia coronata nel fuperno regno
Vergine fanta dogni gracia piena
che per uera et altiffima humiltate
falifti alcielo onde imie preghi afcolti
tu partorifti il fonte di pietate
et di giuftitia il fol che rafferena
il fecol pien derrore obfcuri et folti
tre dolci et cari nomi ai in te raccolti
madre figliuola & fpofa
uergene gloriofa
donna del re che noftri lacci a fciolti
et factol mondo libero & felice
nele chui fancte piaghe
prego chappaghe il cor uera beatrice
Vergine fola al mondo fenza exempio
chel ciel ditue bellezze innamorafti
chui ne prima fu fimil ne feconda
fancti penferi acti pietofi & cafti
al uero dio facrato & uiuo tempio
fecero intua uerginita feconda
per te puo la mia uita effer ioconda
fa tuoi prieghi o maria

uergine dolce & pia
ouel fallo abbondo lagratia abbonda
cholle ginocchia delamente inchine
prego che sia mia scorta
& lamia torta uia drizi a buon fine.
Vergine chiara et stabile in eterno
di questo tempestoso mare stella
dogni fedel nocchier fidata guida
pon mente inche terribile procella
imiritrouo sol senza gouerno
& ho gia dauicin lultime strida
ma pur in te lanima mia si fida
peccatrice i nol nego
uergine ma ti prego
chel tuo nimico del mio mal non rida
ricordici che fece il peccar nostro
prender dio perscamparne
humana carne al tuo uirginal chiostro
Vergine quante lagrime ho gia sparte
quante lusinghe & quanti preghi in darno
pur per mia pena & per mio graue danno
da poi chi nacqui in sula riua darno
cercando or questa & or quellaltra parte
non e stata mia uita altro chaffanno
mortal belleza acti & parole manno
tutta ingombrata lalma
uergine sacra & alma
non tardar chi son forse alultimo anno
idi miei piu correnti che saetta
framiserie e peccati

son senandati.& sol morte naspecta.
Vergine tale e terra;e posto a in doglia
lomio cor, che uiuendo in pianto il tenne:
& di mille miei mali un non sapea:
& persaperlo pur quel che nauenne,
fora auenuto, chogni altra sua uoglia
era ame morte:& allei fama rea.
or tu donna del ciel, tu nostra dea:
se dir lice & conuensi.
uergine dalti sensi,
tu uedi il tutto,& quel che non potea
far altri, e nulla ala tua gran uertute.
por fine almio dolore.
cha te honore, et ame fia salute.
Vergine in cui ò tutta mia speranza,
che possi & uogli al gran bisogno aitarme:
nonmi lasciare insu lextremo passo.
non guardar me, ma chi degno crearme:
nol mio ualor, ma lalta sua sembianza:
che inme timoua achurar duom si basso.
medusa,& lerror mio man facto un sasso
dumor uano stillante.
uergine tu di sancte
lagrime, et pie adempil mio cor lasso:
chalmen lultimo pianto fia deuoto.
senza terrestro limo:
come ful primo non dinsania uoto.
Vergine humana, et nimica dorgoglio,
del comune principio amor tinduca
miserere dun cor contrito humile.

che se poca mortal terra caduca
amar con si mirabil fede soglio,
che deuro far di te cosa gentile
sedal mio stato assai misero & uile,
per letue man resurgo:
uergine i sacro & purgo
al tuo nome & penseri ingegno e stile
la lingua el cor le lagrime ei sospiri
scorgimi amiglior guado
& prendi in grado icangiati desiri.
Il di sapressa & non pote esser lunge,
si corre il tempo & uola.
uergine unica & sola
elcor or conscientia or morte punge
raccomandami al tuo figliuol uerace
homo & uerace idio,
chaccolgal mio spirto ultimo in pace.

NEL TEMPO CHE RINNOVA
imiei sospiri
per la dolce memoria di quel giorno
che fu principio a si lunghi martiri
Gia il sole al tauro luno & laltro corno
scaldaua & la fanciulla di titone
correa gelata al suo usato soggiorno
Amor glisdegni il pianto & la stagione
ricondocto maueano al chiuso loco
ouogni fascio il cor lasso ripone
Iui fra lerbe gia del pianger fioco
uinto dal sonno uidi una gran luce
et dentro assai dolor con breue gioco
Vidi un uictorioso & sommo duce
pur chomun di color chen campidoglio
triumphal carro a gran gloria conduce
Io che gioir di tal uista non soglio
perlo secol noioso in chio mi trouo
uoto dogni ualor pien dogni orgoglio
L abito in uista si leggiadro & nouo
mirai leuando gliocchi graui & stanchi
chaltro dilecto chen parar non prouo
Quattro destrier uie piu che neue bianchi
soprun carro di foco un garzon crudo
chon arco in man & con saette asianchi

Nulla temea pero maglia ne scudo
   in su gliomeri auea sol due grandali
   di color mille tutto laltro ignudo
Dintorno innumerabili mortali
   parte presi in battaglia & parte occisi
   parte feriti di pungenti strali
Vago dudir nouelle oltre mi missi
   tanto chio fui in esser di quegli uno
   che per sua man di uita eran diuisi
Allor mistrinsi a rimirar salcuno
   ri conoscessi nela folta schiera
   del re sempre di lagrime digiuno
Nessun nericonobbi & salchun uera
   di mia notitia auea cangiata uista
   per morte o per prigion crudele et fera
Vn ombra alquanto men che laltre trista
   mi si fe incontro & mi chiamo per nome
   dicendo or questo per amor saquista
Ond io marauigliando dixi or come
   conosci me chio te non riconosca
   & ei questo nauien per laspre some
De legami chio porto & laria fosca
   contende a gliocchi tuoi ma uero amico
   ti sono & teco nacqui in terra tosca
Le sue parole el ragionare antico
   scouersen quel chel uiso mi celaua
   & cosi nassedemmo in loco aprico
Et comincio gran tempo e chio pensaua
   uederti qui fra noi che da primi anni
   tal presagio di te tua uista daua

E l fu ben uer ma gliamorosi affanni
 mispauentar si chio lassai limpresa
 ma squarciati ne porto il pecto & panni
C osi dissio & ei quando ebbe intesa
 la mia risposta sorridendo disse
 o figliuol mio qual per te fiamma e accesa
I o non lintesi allor ma or si fisse
 sue parole mi trouo entro la testa
 che mai piu saldo in marmo non siscrisse
E t per la noua eta che ardita & presta
 fa la mente & la lingua il domandai
 dimmi per cortesia che gente e questa
D i qui apoco tempo tel saprai
 per te stesso rispose & sarai delli
 tal per te nodo fassi & tu nol sai
E t prima cangerai uolto et capelli
 chel nodo di chio parlo si discioglia
 dal collo & da tuo piedi ancor rebelli
M a per empier la tua giouinil uoglia
 diro di noi & prima del maggiore
 che cosi uita & liberta ne spoglia
Q uesto e colui chel mondo chiama amore
 amaro come uedi & uedrai meglio
 quando fie tuo come nostro signore
M ansueto fanciullo & fiero ueglio
 ben sa chil proua & fieti cosa piana
 anzi millanni in fino ador tisueglio
E i nacque dotio & di lasciuia humana
 nudrito dipenser dolci & soaui
 facto signore & dio da gente uana

Quale e morto da lui qual con piu graui
leggi mena sua uita aspra & acerba
sotto mille catene & mille chiaui
Quel che insi signorile & si superba
uista uien primo e cesar che in egicto
cleopatra lego tra fiori & lerba
Hor di lui si triompha & e ben dricto
se uinsil mondo & altri a uinto lui
che del suo uincitor si gloria il uicto
L altro e suo figlio & pure amo costui
piu giustamente eglie cesare augusto
che liuia sua pregando tolse altrui
Nerone il terzo dispietato en giusto
uedilo andar pien dira et di disdegno
femina il uinse & par tanto robusto
Vedil buon marco dogni laude degno
pien di philosophia la lingua el pecto
ma pur faustina il fa qui stare asegno
Que due pien di paura & di sospecto
luno e dionisio & laltro e alexandro
ma quel di suo temer a degno effecto
L altro e colui che pianse sotto antandro
la morte di creusa el suo amor tolse
a quel chel suo figliuol tolse ad euandro
Vdito ai ragionar dun che non uolse
consentir al furor de la matrigna
& da suoi prieghi per fuggir sisciolse
Ma quella intention casta & benigna
luccise si lamore in odio torse
sedra amante terribile & maligna

Et ella ne mori uendecta forse
di polito di theseo & da rianna
cha morte come uedi amando corse
Tal biasma altrui che se stesso condanna
che chi prende dilecto di far frode
non si de lamentar saltri longanna
Vedi il famoso chon tante sue lode
preso menar fra due sorelle morte
luna dilui & ei delaltra gode
Colui che seco e quel possente & forte
hercole cha mor prese & laltro e achille
chebbe in suo amore assai dogliose sorte
Quel altro e demophonte e quella e phylle
quello e iasone & quelaltra e medea
cha more & lui segui per tante uille
Et quanto al padre & al fratel fu rea
tanto al suo amante piu turbata e fella
che del suo amor piu degna esser credea
Isiphile uien poi & duolsi anchella
del barbarico amor chel suo la tolto
poi uien colei chal titol desser bella
Secco il pastor che male il suo bel uolto
miro si fiso onduscir gran tempeste
& funne il mondo sotto sopra uolto
Vedi poi lamentar fra laltre meste
oenone di parif & menelao
dhelena & hermion chiamare honeste
Et laudomia il suo prothesilao
et argia apollinice assai piu fida
che lauara mogliera damphierao

O di il pianto i sospiri odi le strida
dele misere accese che gli spirti
rendero alui chen tal modo gliguida
Non poria mai di tutti il nome dirti
che non homini pur ma dei gran parte
empion el bosco de gli ombrosi mirti
Vedi uenere bella & chon lei marte
cinto di ferro i pie le braccia el collo
& plutone & proserpina in disparte
Vedi iunon gelosa el biondo apollo
che solea disprezzar letade & larco
che glidiede in thesaglia poi tal crollo
Che debbio dire in un passo menuarco
tutti son qui prigion gli dei di uarro
& di lacciuoli innumerabil carco
Ve gioue incatenato inanzi al carro

ERa si pieno il cor di merauiglie
chi staua come luom che non puo dire
et tace & guarda pur chaltril consiglie
Quando la mico mio che sai che mire
che pensi disse non sai tu ben chio
son della turba e mi conuien seguire
Frate risposi & tu sai lesser mio
& lamor de saper che ma si acceso
che lopra e ritardata dal desio
Et egli i tauea gia tacendo inteso
tu uuoi saper chi son questi altri ancora
io tel diro sel dir non me conteso

Vedi quel grande il quale ogni homo honora
eglie pompeo & ha cornelia seco
che del uil tolomeo si lagna & plora
L altro piu di lontan quello e il gran greco
ne uede egisto & lempia clitemestra
or puoi ueder amor seglie ben cieco
A ltra fede altro amar uedi ipermestra
uedi pirramo & tisbe insieme a lombra
leandro in mare & ero ala fenestra
Quel si pensoso e ulixe affabile ombra
che la casta mogliera aspecta & prega
ma circe amando gliel ritiene en gombra
L altro e fighiol damilcar & nol piega
in cotanti anni italia tutta & roma
uil feminella in puglia il prende & lega
Quella chel suo signor chon breue chioma
ua seguitando in ponto fu reina
come in acto seruil se stessa doma
L altra e portia chel ferro al foco affina
quelaltra e iulia & duolsi del marito
chala seconda fiamma piu sinchina
V olgi in qua gliocchi al gran padre schernito
che non si muta & dauer non glincresce
sette & sette anni per rachel seruito
V iuace amor che negli affanni cresce
uedi il padre di questo & uedi lauo
come di sua amagion sol chon sarra esce
P oi guarda come amor crudele e prauo
uince dauid & sforzalo a far lopra
onde poi pianga in luogo obscuro & cauo

Simile nebbia par che obscuri & copra
del piu saggio figliuol la chiara fama
el parta in tutto dal signor di sopra
Ve laltro che in un punto ama e disama
uedi tamar chal suo frate absalone
disdignosa & dolente si richiama
Poco di nanzi allei uedi sansone
uie piu forte che saggio che per ciance
in grembo ala nimica il capo pone
Vedi qui ben fra quante spade & lance
amore el sonno & una uedouetta
chon bel parlare & sue pulite guance
Vince olopherne & lei tornar soletta
chon una ancilla & con lhorribil teschio
dio ringratiando a meza nocte infretta
Vedi sichen el suo sangue che meschio
dela circuncision & della morte
el padre colto el popolo ad un ueschio
Questo glia facto il subito amar forte
uedi ansuero el suo amor in qual modo
ua medicando accio chen pace il porte
Dalun si scioglie & lega alaltro nodo
cotale a questa malatia rimedio
come da se si trae chiodo chon chiodo
Vuo uedere in un cor dilecto & tedio
dolce & amaro or mira il fero herode
chamore & crudelta glian posto assedio
Vedi comarde prima & poi si rode
tardi pentuto di sua feritate
mariane chiamando che non lode

Vedi tre belle donne innamorate
   procri con arthemesia & deidamia
   & altrettante ardite & scelerate
Semiramis & bibli & mirra ria
   come ciaschuna par che si uergogni
   della lor non concessa & torta uia
Ecco quei che le carte empion di sogni
   lancilotto tristano & glialtri erranti
   oue conuien chel uulgo errante agogni
Vedi gineura isotta & laltri amanti
   et la coppia da rimino chen sieme
   uanno faccendo dolorosi pianti
Cosi parlaua & io come chi teme
   futuro male &trema anzi la tromba
   sentendo gia doualtri ancor nol preme
Auea color duom tratto duna tomba
   quando una giouineta ebbi da lato
   pura assai piu che candida colomba
Ella miprese & io chaurei giurato
   difendermi dahuom coperto darme
   chon parole & con cenni fui legato
Et come ricordar di uero parme
   lamico mio piu presso mi si fece
   & chon un riso per piu doglia darme
Dissemi entro lorecchia omai ti lece
   per te stesso parlar chon chi tipiace
   che tutti sian macchiati duna pece
Io era un di color chui piu dispiace
   de laltrui ben che del suo mal uedendo
   chi mauea preso in libertate en pace

Et come tardi doppol danno intendo
  di sue belleze mia morte facea
  damor di gelosia dinuidia ardendo
Gliocchi dal suo bel uiso non torcea
  come huom che infermo e di tal cosa ingordo
  chal gusto e dolce ala salute e rea
A dognialtro piacer cieco era et sordo
  seguendo lei per si dubbiosi passi
  chi tremo ancor qualor menericordo
Da quel tempo ebbio gliocchi humidi & bassi
  el cor pensoso et solitario albergo
  fonti fiumi montagne boschi & sassi
Da indi in qua cotante carte aspergo
  di penseri & dilagrime et din chiostro
  tante nesquarcio napparechio & uergo
Da indi in qua so che si fa nel chiostro
  damore & che si teme & che si spera
  et chi sa legger nela fronte ilmostro
Et ueggio andar quella leggiadra & fera
  non churando di me ne di mie pene
  di sue uirtute & di mie spoglie altera
Dalaltra parte sio discerno bene
  questo signor chetutto il mondo sforza
  teme di lei ondio son fuor di spene
Cha mia difesa non ardir ne forza
  & quello in chio speraua lei lusinga
  che me & glialtri crudelmente sforza
Costei non e chi tanto o quanto stringa
  cosi seluaggia & rebellante sole
  da lensegne damore andar solinga

Et ueramente e fra le stelle un sole
   un singular suo proprio portamento
   suo risi suo disdengni & sue parole
Le chiome accolte in oro o sparse al uento
   gliocchi che accesi dun celeste lume
   minfiamman si chio son darder contento
Chi porria il mansueto alto costume
   aguagliar mai parlando o la uertute
   oue e ilmio stile quasi al mar picciol fiume
Nuoue cose & giamai piu non uedute
   ne daueder giamai piu duna uolta
   oue tutte le lingue sarien mute
Cosi preso mi trouo & ella sciolta
   & priego giorno & nocte o stella iniqua
   & ella apena de mille uno ascolta
Dura legge damor ma ben che obliqua
   seruar conuiensi pero chella agiunge
   di cielo interra uniuersale antiqua
Or so come da se el cor si sgiunge
   & come sa far pace guerra & triegua
   et coprir suo dolor quando altril punge
Et so chome en un punto si dilegua
   & poi si sparge per leguance il sangue
   se paura o uergogna auien chel segua
So come sta tra fiori ascoso langue
   come sempre fra due si ueghia & dorme
   come senza languir si more & langue
So dela mia nimica cercar lorme
   & temer di trouarla & so in qual guisa
   lamante nel amato si trasforme

So fra lunghi sospiri & breui risa
stato uoglia color cangiare spesso
uiuer stando dal cor lalma diuisa
So mille uolte el di ingannar me stesso
so seguendol mio foco ouunque fugge
arder da lunge & aghiacciar da presso
So come amor sopra la mente rugge
& com ogni ragione indi discaccia
& so in quante maniere il cor si strugge
So di che poco canape sallaccia
unanima gentil quandella e sola
& non ue chi per lei difesa faccia
So com amor saetta & come uola
& so com or minaccia & or percote
come rubba per forza & come inuola
Et come sono instabili sue rote
lesperanze dubbiose el dolor certo
sue promesse di fe come son uote
Come nelossa el suo foco couerto
& nelle uene uiue occulta piaga
onde morte palese encendio aperto
In somma so come & inconstante & uaga
timida ardita uita degli amanti
cun poco dolce molto amaro appaga
Et so i costumi lor sospiri e canti
el parlar rotto el subito silentio
el breuissimo riso ei lunghi pianti
Et qual e il mel temprato con lassentio

Tanco gia di mirar non satio ancora
or quinci or quindi mi uolgea guardando
cose characcontarle e breue lora
Giua il cor di pensier in pensier quando
tutto a se il trasser due cha mano amano
passauan dolcemente lagrimando
Mossemi illor leggiadro habito & strano
el parlar peregrin che mera obscuro
ma linterpetre mio mel facea piano.
Poi chio seppi chi eran piu securo
maccostai allor che lun spirito amico
al nostro nome laltro era impio & duro
Fecimi al primo o maxinissa antico
per lo tuo scipione & per costei
cominciai non tincresca quel chi dico
Miromi & dixe uolentier saprei
in nanzi chi tu se che cosi bene
ai spiati ambe due gliaffecti miei
L esser mio glitisposi non sostene
tanto conoscitor che cosi lunge
di poca fiamma gran luce non uene.
Ma tua fama real per tutto agiunge
& tal che mai non tiuedra ne uide
chon bel nodo damor teco congiunge
Hordimmi se colui in pace tiguide
& mostrai il duca lor che coppia e questa
che mi par delle cose rare & fide
La lingua tua almio nome si presta
pruoua dissei chel sappi per te stesso
ma dito per ssogar lanima mesta

A vedo in quel sómo huom tutto il cor messo
 tanto cha lelio ne do uanto a pena
 ouunque fur sue insegne fui lor presso
A lui fortuna fu sempre serena
 ma non gia quanto degno era il ualore
 del qual piu chaltro mai lalma ebbe piena
P oiche larmi romane a grande honore
 per lextremo occidente furon sparse
 quiui naggiunse & ne congiunse amore
N e mai piu dolce fiamma in due cori arse
 ne fara credo oime ma poche nocti
 furo a tanti desir si breui & scarse
I n darno amarital giogo condocti
 che del nostro furor scuse non false
 & legittimi nodi furon rotti
Q uel che sol piu che tutto il mondo ualse
 ne di parti con sue sancte parole
 che de nostri sospir nulla gli calse
E t ben che fusse onde mi dolse & dole
 pur uidi in lui chiara uirtute accesa
 chen tutto e orbo chi non uede il sole
G ran giustitia a gliamanti & graue offesa
 pero dun tanto amico un tal consiglio
 fu quasi un scoglio alamorosa impresa
P adre mera in honor in amor figlio
 fratel neglianni onde ubidir conuenne
 ma colcor tristo & conturbato ciglio
C osi questa mia cara amorte uenne
 che uedendosi giunta in forza altrui
 morire innanzi che seruir sostenne

Et io del mio dolor ministro fui
 chel pregatore & prieghi fur si ardenti
 choffersi me per non offender lui
Et mandale il uelen chon si dolenti
 pensier comio so bene & ella il crede
 & tu sai tanto o quanto damor senti
Pianto ful mio ditanta sposa herede
 in lei ogni mio bene ogni speranza
 perdere elessi per non perder fede
Ma cerca o mai se truoui in questa danza
 notabil cosa per chel tempo e leue
 & piu delopra che del giorno auanza
Pien di pietate e ripensando breue
 spacio al gran foco di due tali amanti
 pariemi auere al sole un cor di neue
Quando udi dir su nel passare auanti
 costui certo per se gia non mi spiace
 ma ferma son dodiargli tutti quanti
Pon dissiol core o sophonisba in pace
 che cartagine tua per le man nostre
 duo uolte cadde & alla terza giace
Et ella altro uoglio che tu mi mostre
 saffrica pianse italia non ne rise
 domandatene pur lestorie uostre
Atanto il nostro & suo amico si mise
 sorridendo chon lei nela gran calca
 che fur da lor le mie luci diuise
Come huom che per terren dubbio caualca
 che ua restando ad ogni passo et guarda
 el pensier del andar molto diffalca

Cosi landata mia dubbiosa & tarda
facean gliamanti di che ancor magrada
saper quanto ciaschun e in qual foco arda

Iuidi un da man manca fuor di strada
aguisa di chi brami & troui cosa
onde poi uergognoso & lieto uada

Donare altrui la sua dilecta sposa
o sommo amore o nuoua cortesia
tal chella stessa lieta & uergognosa

Parea del cambio & giuan si per uia
parlando in sieme di lor dolci affecti
& sospirando il regno disoria

Trassimi aque tre spirti che ristrecti
eran gia per seguire altro cammino
& dissi alprimo io prego che taspecti

Et egli alson del ragionar latino
turbato in uista si ritenne un poco
& poi del mio uoler quasi indouino

Dixe io seleuco son questo e antioco
mio figlio che gran guerra ebbe con uoi
ma ragion contralaforza non a loco

Questa mia prima sua donna fu poi
che per scamparlo da morosa morte
glieldiedi el don fu licito fra noi

Stratonica el suo nome & nostra sorte
come uedi e in diuisa & per tal segno
si uede il nostro amor tenace & forte

Che contenta costei lasciarmi il regno
io il mio dilecto & questi lasua uita
per far uie piu che se lun laltro degno

E t se non fosse la discreta aita
del fisico gentil che ben saccorse
leta sua in sul fiorire era finita
T acendo amando quasi amorte corse
& lamar forza el tacer fu uertute
lamia uera pieta chalui soccorse
C osi dixe & come huom che uoler mute
chol fin delle parole passi uolse
chappena mi potea render salute
P oi che da gliocchi miei lombra sitolse
rimasi graue & sospirando andai
chel mio cor dal suo dir non si disciolse
I n fin che mi fu decto troppo stai
in un pensiero a le cose diuerse
el tempo che breuissimo bensai
N on meno tanti armati in grecia xerse
quantiui erano amanti nudi & presi
tal che locchio la uista non sofferse
V arii di lingue & uarii di paesi
tanto che di mille un non seppil nome
& fano storia quei pochi chio intesi
P erseo era luno et uolsi saper come
andromeda glipiacque inethiopia
uergine bruna ibegliocchi & le chiome
I uil uano amador che la sua propia
bellezza disiando fu distructo
pouero sol per troppo auerne copia
C he diuenne un bel fior senzalchun fructo
et quella che lui amando in nuda uoce
fecesi il corpo un duro saxo asciutto

I ui quellaltro al mal suo si ueloce
iphi chamando altrui in odio sebbe
chon piu altri dannati asimil croce
G ente chui per amar uiuere increbbe
oue raffigurai alchun moderni
cha nominar perduta opra sarebbe
Q ue due che fece amor compagni eterni
alcione & ceyce & in riua al mare
fare ilor nidi apiu soaui uerni
L ungo costor pensoso exaco stare
cercando hesperia or soprum saxo assiso
& or sotto acqua & ora alto uolare
E t uidi lacrudel figlia di niso
fuggir uolando & correre athalanta
di tre palle dor uinta e dun bel uiso
E t seco ipomenes che fra co tanta
turba damanti miseri cursori
sol di uictoria si rallegra e uanta
T ra questi fabulosi & uani amori
uidi a ti & galatea chen grembo gliera
& polifemo farne gran romori
G lauco ondeggiar perentro quella schiera
senza colei chui sola par che pregi
nomando unaltra amante acerba e fera
C armenta & pico un gia de nostri regi
or uago augello & chi di stato il mosse
lasciogli il nome il real manto e fregi
V idi il pianto degeria in uece dosse
scilla in durarsi in pietra aspra & alpestra
che del mar cicilian infamia fosse

Et quella cha la penna da man dextra
 come dogliosa & desperata scriua
 el ferro nudo tien da la sinestra
Pigmaleon chola sua donna uiua
 & mille che castalia & aganippe
 uide cantar per luna & laltra riua
Et dun pomo beffata al fin cidippe

Poscia che mia fortuna in forza altrui
 mebbe sospinto & tutti incisi inerui
 di liberta doualchun tempo fui
Io chera piu saluatico che cerui
 ratto domesticato fui con tutti
 emiei infelici & miseri conserui
Et le fatiche lor uidi & lor lucti
 per che torti sentieri & con qnale arte
 alamorosa gregge eran conducti
Mentre chio uolgea gliocchi in ogni parte
 sio neuedessi alchun de chiara fama
 o per antiche o per moderne carte
Vidi colui che sola euridice ama
 & lei segue alinferno & per lei morto
 chon la lingua gia stanca ancor lachiama
Alceo conobbi adir damor si scorto
 pindaro anacreonte che rimesse
 auea suo muse sol damor in porto
Virgilio uidi & parmi chegli auesse
 compagni dalto ingegno & da trastullo
 di quei che uolentier gial mondo lesse

L uno era ouidio & laltro era catullo
　laltro propertio che damor cantaro
　feruidamente & laltro era tibullo
V na giouane greca aparo aparo
　choi nobili poeti gia cantando
　& aueua un suo stil leggiadro & raro
C osi or quinci or quindi ri mirando
　uidi gente ir per una uerde piaggia
　pur damor uulgarmente ragionando
E cco dante & beatrice ecco seluaggia
　ecco cin da pistoia guitton darrezzo
　che di non esser primo par chira aggia
E cco i duo guiidi che gia furo inprezzo
　honesto bologuese e ciciliani
　che fur gia primi & quini eran dasezzo
S ennuccio & franceschin che fur si humani
　comogni huom uide & poi uera un drapello
　di portamenti & di uolgari strani
F ra tutti il primo arnaldo daniello
　gran maestro damor chala sua terra
　ancor fa honor col suo dir nouo et bello
E ranui quei quei chamor si lieue afferra
　lun piero & laltro el men famoso arnaldo
　& quei che fur conquisi con piu guerra
I dico luno & laltro raimbaldo
　che cantar pur beatrice in monferrato
　el uecchio pier daluernia con giraldo
F olco quel cha marsilia il nome a dato
　& agenoua tolto & allextremo
　cangio per miglior patria habito & stato

Giaufre crudel chuso la uela el remo
  acercar la sua morte & quel guglielmo
  che per cantare al fior de suoi di scemo
Amerigo bernardo ugo & anselmo
  & mille altri ne uidi a chui la lingua
  spada & lancia fu sempre & targa & helmo
Et poi conuien chel mio dolor distingua
  uolsimi a nostri & uidil buon tomasso
  chorno bologna & or messina in pingua
O fugace dolcezza o uiuer lasso
  chi mititolse si tosto dinanzi
  senzal qual non sapea mouer un passo
Doue se or che meco eri pur dianzi
  ben e eluiuer mortal che si nagrada
  sogno dinfermi & fola di romanzi
Poco era fuor de la comune strada
  quando socrate & lelio uidi in prima
  chon lor piu lunga uia conuen chi uada
O qual coppia damici che ne in rima
  porria nen prosa ornar assai nen uersi
  si come de uertu nuda si stima
Con questi due cerchai monti diuersi
  andando tutti ei tre sempre ad un giogo
  a questi le mie piaghe tutte apersi
Da costor non mi puo tempo ne luogo
  diuider mai si come spero & bramo
  in fin al cener del funereo rogo
Con costor colsi il glorioso ramo
  onde forse anzi tempo ornai le tempie
  in memoria di quella chio tanto amo

Ma pur di lei chel cor di penser mempie
non pote coglier mai ramo ne foglia
si fur le sue radici acerbe & empie
Onde benche talor doler mi soglia
chomuom che offeso quel che con questi occhi
uidi me fren che mai piu non mi doglia
Materia di choturni & non di socchi
ueder preso colui che facto deo
da tardi ingegni rintuzati & sciocchi
Ma prima uo seguir che di noi feo
poi seguiro quel che daltrui sostenne
opra non mia dihomero o uer dorpheo
Seguimo il son de le purpuree penne
de uolanti corsier per mille fosse
fin che nel regno di sua madre uenne
Ne rallentate le catene o scosse
ma stratiati per selue & per montagne
tal che nessun sapea in qual mondo fosse
Giace oltre oue legeo sospira e piangne
unisoletta dilicata & molle
piu chaltra chel sol scaldi o chel mar bagne
Nel mezo e un ombroso & chiuso colle
chon si soaui odor chon si dolci acque
chogni maschio pensier del alma tolle
Queste la terra che cotanto piacque
a uenere en quel tempo a lei fu sacra
chel uer nascoso & sconosciuto giacque
Et ancor di ualor si nuda & macra
tanto ritien del suo primo esser uile
che par dolce acattiui & a buoni acra

Hor quiui triompho il signor gentile
di noi & daltri tutti chadun laccio
presi auea dal mar dindia a quel di tile
Pensieri in grembo & uanitadi in braccio
dilecti fugitiui & ferma noia
rose di uerno a meza state il ghiaccio
Dubbia speme dauanti & breue gioia
penitenzia & dolor dopo le spalle
qual nel regno di roma & quel di troia
Et rimbombaua tutta quella ualle
dacque & duccelli & eran lesue riue
bianche uerdi uermiglie perse & gialle
Riui correnti di fontane uiue
al caldo tempo su per lerba fresca
& lombra spessa & laure dolci extiue
Poi quandol uerno & laer sirinfresca
tepidi soli & giocho & cibi & otio
lento che i semplicetti cori inuesca
Era nella stagion chel equinotio
fa uincitor il giorno & progne riede
chon la sorella alsuo dolce negotio
O di nostre fortune instabil fede
in quel loco in quel tempo & in quel ora
che piu largo tributo agliocchi chiede
Triomphar uolse quel chel uulgo adora
& uidi a qual seruigio & a qual morte
a quale stratio ua chi sinnamora
Errori & sogni & imagini smorte
eran dintorno al arco triomphale
& false opinioni in sule porte

E t lubrico sperar giu perle scale
& dannoso guadagno & util danno
& gradi oue piu scende chi piu sale
S tanco riposo & riposato affanno
chiaro disnore & gloria obscura & nigra
perfida lealtate & fido inganno
S ollecito furor & ragion pigra
carcer oue si uien per strade aperte
onde per strette con dolor si migra
R atte scese alentrar al uscir erte
dentro confusion turbida & mischia
di doglie certe & dallegrezze incerte
N on bolli mai uulcan lipari o ischia
strangoli o mongibello in tanta rabbia
poco ama se chi in tal gioco sarrischia
I n cosi tenebrosa & stretta gabbia
rinchiusi fumo oue le penne usate
mutai per tempo & le mie prime labbia
E n tanto pur sognando libertate
lalma chel gran desio fea prompta & leue
consolai chon ueder le cose andate
R imirando erio facto al sol di neue
tanti spirti & si chiari in carcer tetro
quasi lunga pictura in tempo breue
C hel pie ua innanzi & locchio torna a retro

Q Vando aun giogo & in un tempo quiui
domita lalterezza deglidei
& degli homini uidi al mondo diui

Io presi exemplo de lor stati rei
faccendomi proficto laltrui male
in consolare icasi & dolor miei
Che sio ueggio dun arco & duno strale
phebo percosso elgiouene dabido
lun decto deo laltro huom pur mortale
Et ueggio ad un lacciuol giunone & dido
chamor pio del suo sposo a morte spinse
non quel denea com el publico grido
Non mi debbo doler saltri mi uinse
giouane incauto disarmato & solo
& se la mia nimica amor non strinse
Non e ancor giusta assai cagion di duolo
che in habito il re uidi chio nepiansi
si tolte glieran lali el gire auolo
Non conaltro romor dipecto dansi
duo leon feri o due folgori ardenti
cha cielo & terra & mar dat loco fansi
Chi uidi amor chon tutti suoi argomenti
mouer contra colei di chio ragiono
& lei presta assai piu che fiamma o uenti
Non fan si grande o si terribil sono
ethna qualor da henchelado e piu scossa
scilla & caribdi quando irate sono
Che uie maggiore in sulla prima mossa
non fusse del dubioso & graue assalto
chio non credo ridir sappia ne possa
Ciaschun per se si ritraeua in alto
per ueder meglio & lerror del imptesa
elcore & gliocchi auea facti dismalto

Quel uincitor che primo era al offesa
 daman dricta loftral da laltra larco
 & la corda a lorecchie auea gia tefa
Non corfe mai fi lieuemente aluarco
 di fugitiua cerua un leopardo
 libero in felua o dicatene fcarco
Che non foffe ftato iui lento & tardo
 tanto amor uenne prompto a lei ferire
 conle fauille el uolto ondio tutto ardo
Combattea in me conla pieta eldefire
 che dolce mera fi facta compagna
 duro auederla in tal modo perire
Ma uertu che da buoni non fifcompagna
 moftro aquel punto ben comagran torto
 chi abbandona lei daltrui filagna
Che giamai fchermidore non fu fi accorto
 a fchifar colpo ne nocchier fi prefto
 a uolger naue da glifcogli in porto
Comuno fchermo intrepido & honefto
 fubito ricoperfe quel bel uifo
 dal colpo chi lattende agro & funefto
Io era al fin cogliocchi & col cor fifo
 fperando la uictoria ondeffer fole
 & di non effer piu da lei diuifo
Come chi fmifuratamente uole
 cha fcripto innanzi cha parlar cominci
 negliocchi & nella fronte leparole
Volea dirio fignor mio fe tu uinci
 legami con coftei fio ne fon degno
 ne temer che giamai mifcioglia quinci

Quandiluidi pien dira & di difdegno
 si graue chariditlo sarien uinti
 tutti imaggior non chel mio basso ingegno
Che gia in fredda honesta erano extinti
 idorati suo strali accesi in fiamma
 damorosa bilta & piacer tinti
Non ebbe mai di uero ualor dragma
 cammilla & laltre andar use in battaglia
 con la sinistra sola intera mamma
Non fu si ardente cesare in pharsaglia
 contra algenero suo comella sue
 contra colui chogni lorica smaglia
Armate eran chon lei tutte le sue
 chiare uertuti o gloriosa schiera
 & tieniensi per mano a due a due
honestate & uergogna alla fronte era
 nobile par delle uertu diuine
 che fan costei sopra ledonne altera
Senno & modestia allaltre due confine
 habito con dilecto in mezol core
 perseueranza & gloria in sula fine
Bella accoglienza accorgimento fore
 cortesia in torno intorno & puritate
 temor dinfamia & desio sol donore
Penser canuti in giouinile etate
 & la concordia che si rara al mondo
 uera con castita somma biltate
Tal uenia contro amoren si secondo
 fauor del cielo & delle ben nate alme
 che de la uista ei non sofferse il pondo

Mille & mille famose & chiare salme
  tor gliuidio & squotergli di mano
  mille uictoriose & chiare palme
Non ful cader di subito si strano
  doppo tante uictorie ad banniballe
  uinto a la fine dal giouane romano
Non giacque si smarrito ne la ualle
  di therebinto quel gran philisteo
  a chui tutto isdrahel daua le spalle
Al primo saxo del garzone hebreo
  ne cyro inscithia oue lauedoua orba
  che gran uendecta & memorabil feo
Come huom che sano et in un momento a morba
  che sbigottisce & duolsi colto in acto
  che uergogna chon man da gliocchi forba
Cotale eregli & ancho a piggior pacto
  che paura & dolore uergogna & ira
  eran nel uolto suo tutti aduntratto
Non freme cosi l mare quando sadira
  non marine onde a lor che thipheo piagne
  ne mongibel senchelado sospira
Passo qui cose gloriose & magne
  chi uidi & dir non oso a la mia donna
  uengo & a laltre sue minor compagne
Ella auea indosso il di candida gonna
  loscudo in mano che mal uide medusa
  dun bel diaspro era iui una colonna
Alla qual duna in mezo lethe infusa
  cetena di diamante & di topatio
  che suso fra le donne oggi non susa

Legar lo uidi & farne quello stratio
che basto bene a mille altre uendecte
& io per me ne fui contento & satio
Io non porria le sacre benedecte
uergini chiui fur chiudere in rima
non calliope & clio con laltre sette
Ma dalquante diro chen su la cima
son diuera honesta in fra lequali
lucretia da man dextra era la prima
Laltra e penelope queste glistrali
hauean spezato & la faretra alato
a quel proteruo & spennachiate lali
Virginia appresso el fiero padre armato
didisdegno & di ferro & di pietate
cha suo figlia & a roma cangio stato
Luna & laltra ponendo in libertate
poi le tedesche che con aspra morte
seruaron lor barbarica honestate
Iudith hebrea la saggia casta & forte
& quella greca che salto nel mare
per morir netta & fuggir dura sorte
Con queste & con alquante anime chiare
triumphar uidi di colui che pria
ueduto auea del mondo triomphare
Fralaltre laueftal uergine pia
che baldanzosamente corse al tibro
& per purgarsi dogni fama ria
Porto del fiume al tempio acqua co cribro
poi uidi hersilia con le sue sabine
schiera che del suo nome empie ogni libro

Poi uidi fra le donne pellegrine
quella che per lo suo dilecto & fido
sposo non per enea uolse ire al fine
Taccia il uulgo ignorante i dico dido
chui studio donestate amorte pinse
non uano amore comel publico grido
Al fin uidi una che si chiuse & strinse
sourarno per seruasi & non le ualse
che forza altrui il suo bel penser uinse
E ral triompho doue londe salse
perquoton baia chal tepido uerno
giunse aman dextra enterra ferma salse
Indi fra monte barbaro & auerno
lantichissimo albergo di sibilla
lasciando senandar dritto a linterno
In cosi angusta & solitaria uilla
era il grande huom che daffrica sapella
perche prima col ferro al uiuo aprilla
Qui dello hostile honor lalta nouella
non scemato chogliocchi a tutti piacque
& la piu casta era iui la piu bella
Nel triumpho daltrui seguire spiacque
allui che se credenza non è uana
sol per triumphi & per imperii nacque
Cosi giugnemmo a la citta sourana
nel tempio pria che dedico sulpitia
per spegner ne la mente fiamma insana
Passammo al tempio poi di pudicitia
chaccende in cor gentile honeste uoglie
non di gente plebeia ma di patritia

I ui spiego le gloriose spoglie
 la bella uincitrice iui depose
 le sue uictoriose & sacre foglie
E l giouane toscan che non ascose
 le belle piaghe chel fer non sospecto
 del comune nimico in guardia pose
C on parecchi altri & fumil nome decto
 dalcun di loro come una scorta seppe
 chauean facto ad amor chiaro disdecto
F ra quali iui di hypolito & ioseppe

Q Vanti gia nel eta matura & acra
 triomphi ornato il glorioso colle
 quanti prigion passar per la uia sacra
S otto il monarca chal suo tempo uolle
 far il mondo descriuere uniuerso
 chel nome di grandezza aglialtri tolle
O sotto quel che non dargento terso
 die ber a suoi ma dun riuo sanguigno
 tutti poco o niente fora in uerso
Q uestun chi dico e si candido cigno
 non fu giamai che non sembiasse un coruo
 presso al bel uiso angelico & benigno
E t cosi in acto dolcemente toruo
 la bella uincitrice in uer loccaso
 segno illito thyren sonante e coruo
O ue sorga & durenza in maggior uaso
 chongiungon le lor chiare & torbide acque
 la mia achademia un tempo el mio parnaso

I ui onde agliocchi miei il bel lume nacque
che gliuolse albon porto si rattenne
quella per chui ben far prima mi piacque

Questa leggiadra & gloriosa donna
che oggi e nudo spirto & poca terra
& fu gia di ualor alta colonna
Tornaua con honor da la sua guerra
allegra auendo uinto il gran nimico
che con suoi ingegni tutto il mondo atterra
Non chon altre armi che col cor pudico
& dun bel uiso & di pensieri schiui
dun'parlar saggio & dhonestate amico
Era miracol nouo aueder quiui
rotte larme damore arco & saette
& qual morto da lui & qual preso iui
La bella donna & le compagne electe
tornando da la nobile uictoria
in un bel drappelletto iui ristrette
Poche eran per che rara e uera gloria
ma ciaschuna per se parea ben degna
di poema clarissimo & distoria
Era la loro uictoriosa insegna
in campo uerde un candido ermellino
choro fino & topazi al collo tegna
Non human ueramente ma diuino
loro andare era & lor sancte parole
beato se qual'nasci a tal destino
Stelle chiare parien in mezo un sole

  che tutte ornaua & non toglie a lor uista
  di rose incoronate & di uiole
E t come gentil core honor acquista
  cosi uenia quella brigata allegra
  quando uidi una insegna obscura & trista
E t una donna inuolta in ueste negra
  chon un furor qualio non so se mai
  al tempo degiganti fosse alsegra
S i mosse & disse o tu donna che uai
  digiouentute & di bellezze altera
  & di tua uita il termine non sai
I o son colei che si importuna & fera
  chiamata son da uoi o sorda & cieca
  gente a chui si fa nocte innanzi sera
I o o condocto al fin la gente greca
  & latroyana a lultimo itomani
  con la mia spada laqual punge & seca
E t popoli altri barbereshi & strani
  & giugnendo quandaltri non maspecta
  o interrotti mille pensier uani
H ora auoi quandol uiuer piu diletta
  drizol mio corso in nanzi che fortuna
  nel uostro dolce qualche amaro metta
I n costor non ai tu ragione alcuna
  & in me poca solo in questa spoglia
  rispuose quella che fu nel mondo una
A ltri so che naura piu di me doglia
  la chui salute dal mio uiuer pende
  ame fie gratia che di qui miscioglia

Quale chin cosa noua gliocchi tende
& uede ondalprincipio non saccorse
che or si marauiglia or si riprende
Tal si fe quella fera & poi chen forse
fu stata un poco ben le riconosco:
disse & so quando il mio dente lemorse
Poi chol ciglio men torbido & men fosco
dixe tu che la bella schiera guidi
pur non sentisti mai piu del mio tosco
Se del consiglio mio punto ti fidi
che sforzar posso eglie pur il migliore
fuggir uechiezza esuoi molti fastidi
I son disposta farti un tal honore
qual altrui far non soglio & che tu passi
senza paura & senzalcun dolore
Come piace al signor chen cielo staffi
& indi regge & tempra luniuerso
farai di me quel che deglialtri fassi
Cosi rispose & ecco da trauerso
piena di morti tutta la campagna
che comprender nol puo prosa ne uerso
Da india & dal cataio morrocco e spagna
elmezo auea gia pieno & le pendici
gia per molti anni quella turba magna
Iui eran quei che fur dedti felici
pontifici regnanti enperadori
hor sono ignudi miseri & mendici
V sono or le richezze u son glionori
& le gemme & gli sceptri & le corone
& le mitri coi purpurin colori

Miser chi speme in cosa mortal pone
ma chi non uela pone & se si truoua
a la fine ingannato e ben ragione
O ciechi il tanto affaticar che gioua
tutti tornate a la gran madre antica
el nome uostro appena si ritroua
P ur delle mille unutile fatica
che non sien tutte uanita palesi
chi intende euostri studii si meldica
C he gioua soggiogar glialtrui paesi
& tributarie far le genti strane
co glianimi asuoi danni sempre accesi
D opo limprese perigliose & uane
& col sangue aquistar terra & thesoro
uie piu dolce si truoua lacqua el pane
E l uetro el legno che le gemme & loro
ma per non seguir piu si lungo tema
tempo e chio torni al mio primo lauoro
I dico che giuntera lora extrema
di quella breue uita gloriosa
el dubbio passo di chel mondo trema
E t auederla unaltra ualorosa
schiera di donne non dal corpo sciolta
per saper sesser puo morte pietosa
Q uella bella compagna etiui accolta
pur auedere & contemplare il fine
che far conuiensi & non piu duna uolta
T utte sue amiche & tutte eran uicine
allor di quella bionda testa suelse
morte con la sua mano uno aureo crine

Cosi del mondo el piu bel fiore scelse
non gia per odio ma per dimostrarsi
piu chiaramente ne le cose excelse
Quanti lamenti lagrimosi & sparsi
fur ini essendo que begliocchi asciutti
per chio lunga stagione cantai & arsi
Et fra tanti sospiri & tanti lutti
tacita & lieta sola si sedea
del suo ben uiuer gia cogliendo efrutti
Vattenne in pace o uera mortal dea
dicieno & tal fu ben ma non le ualse
contro la morte in sua ragion si rea
Che fia de laltre se questa arse & alse
in poche nocti & si cangio piu uolte
o humane speranze cieche & false
Se la terra bagnar lagrime molte
per la pieta di quella alma gentile
chiluide il sa tul pensa che lascolte
L ora prima era el di sexto daprile
che gia mi strinse & hor lassio mi sciolse
come fortuna ua cangiando stile
Nessun di seruitu giamai si dolse
ne di morte quantio di libertate
& della uita caltri non mi tolse
Debito al mondo & debito a letate
chacciarmi in nanzi chera giunto in prima
ne a lei torre ancor sua dignitate
Or qual fussi il dolor qui non si stima
chappena oso pensarne non chio sia
ardito di parlarne in uersi on rima

Virtu morta & bellezza & leggiadria
le belle donne in torno al casto lecto
triste dicieno omai di noi che fia
Chi uedra mai in donna acto perfecto
chi udira il parlar di saper pieno
il canto pien dangelico intellecto
Lo spirto per partir di quel bel seno
chon tutte sue uertuti in se romito
facto era in quella parte elciel sereno
Nessun degli aduersarii fu si ardito
chapressasse giamai chon uista obscura
fin che morte el suo assalto ebbe fornito
Poi che deposto il pianto & la paura
pur al bel uiso era ciaschuna intenta
& per disperation facta sicura
Non come fiamma che per forza e spenta
ma che per se medesma siconsume
neua da in pace lanima contenta
A guisa dun soaue & chiaro lume
chel nutrimento apoco apoco manca
tenendo al fine il suo caro costume
Pallida no ma piu che neue bianca
che senza uenti in un bel colle fiocchi
parea posar come persona stanca
Quasi un dolce dormir ne suoi begliocchi
sendo lo spirto gia da lei diuiso
era quel che morir chiaman gli sciocchi
Morte bella parea nel suo bel uiso

LA nocte che segui lorribil caso
che spense il sole anzil ripose in cielo
ondio son qui come huom cieco rimaso

Spargea per laere il dolce extiuo gielo
che con la bianca amica di titone
suol de sogni confusi torre il uelo
Quando donna sembiante a la stagione
di gemme orientali incoronata
mosse uer me da mille altre corone
Et quella man gia tanto desiata
a me parlando & sospirando porse
onde eterna dolcezza al cor me nata
Riconosci colei che prima torse
ipassi tuoi dal publico uiaggio
comel cor giouenil di lei saccorse
Cosi pensosa in acto humile & saggio
sassise & seder femmi in una riua
laquale ombraua un bel lauro & un faggio
Come non conoschio lalma mia diua?
rispuosi inguisa duom che parla & plora
dimmi pur prego se se morta o uiua
Viua sonio & tu se morto ancora
disella & sarai sempre in fin che giunga
per leuarti di terra lultima hora
Mail tempo e breue & nostra uoglia e lunga
pero tauisa el tuo dir stringi & frena
anzi chel giorno gia uicin nagiunga
Et io al fin di questa altra serena
cha nome uita che per proua il sai
de dimmi sel morir e si gran pena?
Rispose mentre dietro al uulgo uai
& a lopinion sua cieca & dura
esser felice non puo tu gia mai

La morte e fin duna prigione obscura
a lanime gentili a laltre e noia
channo posto nel fango ogni lor cura
Et hora il morir mio che si tannoia
ti farebbe allegrar se tu sentissi
la millesima parte di mia gioia
Cosi parlaua & gliocchi auea al ciel fissi
diuotamente poi misse in silentio
quelle labbra rosate in fin chi dissi
Gaio sylla neron mario & mezentio
stomachi franchi febri ardenti fanno
parer la morte amara piu chassentio
Negar non posso disse che laffanno
che ua nanzi al morir non dogla forte
ma piu la tema de leterno danno
Ma pur che lalma in dio si riconforte
el cor chen se medesmo forse e lasso
che altro chun sospir breue e la morte
I hauea gia uicin lultimo passo
la carne inferma & lanima ancor pronta
quando udi dire in un son tristo e basso
O misero colui che giorni conta
& pargli lun millanni endarno uiue
& seco in terra mai non si raffronta
Et cerca il mare & tutte le sue riue
sempre uno stile ouunque fusse tenne
sol di lei pensa o di lei parla o scriue
Al hora in quella parte ondel suon uenne
gliocchi languidi uolgo & ueggio quella
che ambo noi sospinse & se ritenne

Riconobbila al uolto a la fauella
  che spesso a gia il mio cor racconsolato
  hor graue & saggia alhora honesta & bella
Quandio fui nel mio piu bello stato
  ne leta mia piu uerde a te piu cara
  cha dire & apensare a molti a dato
Mi fu la uita poco men chamata
  a rispecto di quella mansueta
  & dolce morte cha mortali e rara
Cheintutto quel mio passo erio piu lieta
  che qual dexilio al dolce albergo riede
  se non che mistringea di te sol pieta
De madonna dissi io per quella fede
  che uisu credo altempo manifesta
  or piu nel uolto di chi tutto uede
Creoui amor pensier mai ne la testa
  dauer pieta del mio lungo martire
  non lasciando uostra alta impresa honesta
Che uostri dolci sdegni & le dolci ire
  le dolci paci ne begliocchi scritte
  tenner moltanni in dubbio il mio desire
Appena ebbio queste parole ditte
  chi uidi lampeggiar quel dolce riso
  chun sol fu gia di mie uertuti afflitte
Poi disse sospirando mai diuiso
  non fu mio cor da te ne giamai fia
  ma temperai tua fiamma col mio uiso
Per che asaluar te & me nullaltra uia
  era a la nostra giouinetta fama
  ne per isferza o per madre men pia

Quante uolte diss'io questo non ama
anzi arde hor si conuen chaccio proueggia
& mal puo proueder chi teme & brama
Quel di fuor miri & quel dentro non ueggia
questo fu quel che ti riuolse & strinse
spesso come caual fren che uaneggia
Piu di mille fiate ira dipinse
il uolto mio chamore ardeua il core
ma uoglia in me giamai ragion non uinse
Poi se uinto ti uidi dal dolore
drizai inte gli occhi allor soauemente
saluando la tua uita el nostro honore
Et se fu passion troppo possente
& la fronte & la uoce a salutarti
mossi & hor temorosa & hor dolente
Questi fur teco miei ingegni & mie arti
or benigne accolienze & ora sdegni
tul sai che nai cantato in molte parti
C hio uidi gli occhi tuoi talor si pregni
di lagrime ch'io dissi questi e corso
a morte non laitando & ueggio i segni
Alhor prouidi d'onesto soccorso
talor ti uidi tali sproni al fiancho
chio dissi qui conuen piu duro morso
Cosi caldo uermiglio freddo & bianco
or tristo or lieto in fin qui to conducto
saluo ondio mallegro benche stanco
Et io madonna assai fora gran fructo
questo dogni mia fe pur chiol credessi
dissi tremando & non col uiso asciucto

Di poca fede erio fi nol fapeffi
   fe non fuffe ben uer per chel direi
   rifpofe en uifta parue faccendeffi
Sal mondo tu piacefti agliocchi mei
   questo mi taccio pur quel dolce nodo
   mi piacque affai chentorno alcor auei
Et piacemi il bel nome fe uero odo
   chel lunge & preffo col tuo dir macquifti
   ne mai in tuo amor richiefi altro chel modo
Quel manco folo & mentre in acti trifti
   uolei moftrarmi quel che uedea fempre
   il tuo cor chiufo atutto il mondo aprifti
Quincil mio zelo onde ancor ti diftempre
   che concordia era tal de laltre cofe
   qual giugne amor pur che honeftate il tépre
Fur quafi equali in noi fiamme amorofe
   almen pochio mauidi del tuo foco
   ma lun lappalefo laltro lafcofe
Tu eri di merce chiamar gia roco
   quandio tacea per che uergogna & tema
   faccan molto defir parer fi poco
Non e minore il duol percaltri il prema
   ne maggior per andarfi lamentando
   perfiction non crefce il uer ne fcema
Ma non fi ruppe almen ogni uel quando
   fu li tuoi decti te prefente accolfi
   dir piu non ofa il noftro amor cantando
Tecco era il core a me gliocchi racolfi
   dicio come diniqua parte duolti
   fel meglio el piu ti diedi el men ti tolfi

Ne pensi che per che ti fussen tolti
 ben mille uolte & piu dimille & mille
 renduti & compietate a te fur uolti
Et state foran lor luci tranquille
 sempre uer te se non chebbi temenza
 delle pericolose tue fauille
Piu ti uo dir per non lasciarti senza
 una conclusione cha te sie grata
 forse dudire in su questa partenza
In tutte laltre cose assai beata
 in una sola a me stessa dispiacqui
 chen troppo humil terren mi trouai nata
Duolmi ancor ueramente chio non nacqui
 almen piu presso altuo fiorito nido
 ma assai fu bel paese ondio ti piacqui
Che potea il cor del qual solio mi fido
 uolgersi altroue a te essendo ignota
 ondio fora men chiara & di men grido
Questo no rispuosto per che la rota
 terza del ciel malzaua a tanto amore
 ouunque fusse stabile & immota
Hor cosi sia dissella io nebbi honore
 chancor mi segue ma per tuo dilecto
 tu non taccorgi del fuggir del hore
Vedi laurora del aurato lecto
 rimenar amortali ilgiorno el sole
 gia fuor del occeano infin alpecto
Questa uien perpartirne onde mi dole
 sadir ai altro studia desser breue
 & col tempo dispensa le parole

Quantio soffersi mai soaue & leue
disfio ma facto il parlar dolce & pio
ma il uiuer senza uoi me duro & greue
Pero saper uorrei madonna sio
son per tardi seguirui o se per tempo
ella gia mossa disse al creder mio
Tu starai in terra senza me gran tempo

Nel cor pien damarissima dolcezza
risonauano ancor gliultimi accenti
del ragionar che sol brama & apprezza
Et uolea dire odi miei tristi & lenti
& piu cose altre quando uidi allegra
girsene lei fra belle alme lucenti
Auea gia il sol labenda humida & negra
tolta dal duro uolto de la terra
riposo della gente mortal egra
Il sonno & quella chancor apre & serra
il mio cor lasso appena eran partiti
chiouidi cominciare unaltra guerra
O polimia or prego che maiti
& tu memoria il mio stile accompagni
che ti prendi a ricercar diuersi liti
Huomini & facti gloriosi & magni
per le parti di mezo & per le extreme
oue sera & mattina il sol sibagni
I uidi molta nobil gente in seme
sotto lansegna duna gran reina
che ciaschun lama reuerisce & teme

Ella aueder parea cosa diuina
& da man dextra auea quel grã romano
che fe in germania en francia tal ruina
Augusto & druso seco amano amano
ei duo folgori ueri di battaglia
il maggior elminor scipio affricano
Et papirio corsor che tutto smaglia
curio fabricio & luno & laltro cato
el gran pompeo che mal uide thesaglia
Et ualerio coruino & quel torquato
che per troppa pietate uccise il figlio
el primo bruto gli sedea da lato
Poi il buon uillan che fel fiume uermiglio
del fiero sangue el uecchio channiballe
freno chon tarditate & con consiglio
Claudio nerone chel capo dasdtuballe
presento al fratello aspro & feroce
si che di duol gli fe uoltar le spalle
Mutio che la sua dextra errante coce
horatio sol contra atoscana tutta
che ne ferro ne foco a uirtu noce
Et chi chon suspition indegna lucta
ualerio di piacere al popol uago
si che sin china & sua casa e distructa
Et quel che ilatin uinse sopra lago
regillo & quel che prima africa assalta
& idue che primi in mar uinser cartago
Dico appio audace & catulo che smalta
il pelago di sangue & quel duillo
che dauer uinto allor sempre sexalta

Vidi il victorioso & gran camillo
　sgombrar loro & menar la spada accerco
　& riportarne il perduto uexillo
Mentre chegliocchi quinci & quindi cerco
　uiuidi cosso chon le spoglie hostili
　el dictator emilio & mamerco
Et parecchi altri di natura humili
　rutilio chon uolumio gracco & filo
　facti per uirtu darme alti & gentili
Costor uidio tral nobil sangue dilo
　misto chol roman sangue chiaro & bello
　chui non basta ne mio ne altro stilo
Vidi iduo pauli el buon marco marcello
　chen su riua di po presso achiasteggio
　uccise con sua man il gran ribello
Et uolgendomi in dietro ancora ueggio
　i primi quattro bon chebber in roma
　primo secondo terzo & quarto seggio
Et cincinato cho la inculta chioma
　el gran coriolan chol chiaro sdegno
　& metello orbo chon la nobil soma
Regolo attilio si di laudi degno
　& uincendo & morendo & appio ciecco
　che pirro fe di ueder roma indegno
Era unaltro appio spron del popol seco
　duo fuluii & mallio uolsco & quel flaminio
　che uinse & libero il paese greco
Iui fra glialtri tincto era uirginio
　del sangue di sua figlia onde aquei dieci
　tyranni tolto fu lempio dominio

E larchi duo di lor sangue e tre deci
& i duo gran scipion che spagna oppresse
& martio che sostenne ambo lor ueci
E t come a suoi ciascbun par che sapresse
lasiatico iui era & quel prefecto
choptimo solo il buon senato elesse
E t lelio a suoi cornelii era ristrecto
non cosi quel metello al quale arrise
tanto fortuna che felice e decto
P aren uiuendo lor menti di uise
morendo ricongiunte & secol padre
era il suo seme che sotterra ilmise
V espasian poi ale spalle quadre
riconobbi & al uiso duom che ponta
con tito suo da lopre alte & leggiadre
D omitian non uera ondira & onta
hauea ma lafamiglia che per uarco
da doptione al sommo imperio monta
T raiano & adriano antonio & marco
che facea dadoptare ancora il meglio
al fin theodosio di ben far non parco
Q uesto fu di uirtu lultimo speglio
in quello ordine dico & dopo lui
comincio il mondo forte afarsi ueglio
P oco in disparte accorto ancor mi fui
dal quanti in chui regno uertu non poca
ma ricoperta fu da lombra altrui
I ui era quel chei fondamenti loca
dalba longa in quel monte pellegrino
& ati & numitor & siluio & proca

Et capi el uecchio el nouo re latino
   agrippa ei duo cheterno nome denno
   alteuere & al bel colle auentino
Non mi accorgea ma fummi facto un cenno
   & quasi in un mirar dubbio nocturno
   uidi quei chebbon men forza & piu senno
Primi italici regi iui saturno
   pico fauno & iano & poi non lunge
   pensosi uidi andar cammilla & turno
Et per che gloria in ogni parte agiunge
   uidi oltre un riuo il gran cartaginese
   la chui memoria ancora italia punge
L uno occhio auea lasciato al mio paese
   stagnando al freddo tempo il fiume tosco
   si che aueder lo era strano in arnese
Soprun grande elephante un duca losco
   guardali intorno & uidi ilre filippo
   similemente da lun lato fosco
Vidi lacedemonio iui xantippo
   cha cruda gente fece il bel seruigio
   & dun nido medesmo uscir gelippo
Vidi color chandaro al regno stigo
   hercole enea theseo & ulixe
   & lasciar qui di fama tal uestigio
Hector col padre quel che troppo uisse
   dardano tros & heroi altri uidi
   chiari per se ma piu per chi nescrisse
Diomede & achille ei grandi atridi
   duo aiaci & tideo & pollinice
   nimici in prima amici poi si fidi

E t labrigata ardita & infelice
che cadde a thebe & quellaltra cha troia
fece affai credo ma di piu fi dice
P antifilea cha greci fe gran noia
ippolita & orithia che regnaro
la preffo al mare ouentra la danoia
E t uidi cyrro piu di fangue auaro
che craffo doro & luno & laltro nebbe
tanto chal fine a ciafchun parue amaro
P hilomene a chui nulla farebbe
noua arte in guerra & chi di fede abonda
re maxiniffa in chui fempre ella crebbe
L eonida el thebano epaminonda
milciade & themiftode che iperfi
chacciar di grecia uinti in terra & onda
V idi dauid cantar celefti uerfi,
& giuda machabeo & iofue
a chui laluna el fole & immobil ferfi
A lexandro chal mondo briga de
hor loccean tentaua & potea farlo
morte uifinterpofe onde nolfe
P oi ala fine io uidi artu & carlo

D A poi che morte triumpho nel uolto
che di me fteffo triomfar folea
& fu del noftro mondo il fuo fol tolto
P artiffi quella difpietata & rea
pallida inuifta horribile & fuperba
chel lume di biltate fpento auea

Quando mirando in torno su per lerba
uidi da laltra parte giunger quella
che trae luom del sepulcro en uital serba
Come in sul giorno lamorosa stella
suol uenir doriente in nanzi al sole
che saccompagna uolentier con ella
Cosi uenia & io di quali scole
uerra il maestro che descriua a pieno
quel chio uo dire in semplici parole
Era dintorno al ciel tanto sereno
che per tuttol desio carda nel core
locchio mio non potea non uenir meno
Scolpito per le fronti era il ualore
del honorata gente douio scorsi
molti diquei che legar uidi amore
Da man dextra oue gliocchi prima porsi
la bella donna auea cesare & scipio
ma qual piu presso a gran pena maccorsi
Lun di uirtute & non damor mancipio
laltro dentrambi & poi mi fu monstrata
dopo si glorioso & bel principio
Gente di ferro & diualore armata
si come in campidoglio altempo antiquo
talora o per uia sacra o per uia lata
Venien tutti in quel ordine chi dico
& leggeasi a ciaschun in torno alciglio
el nome al mondo piu di gloria amico
Io era attento al nobile bisbiglio
auolti aghatti & di que primi due
lun seguiua il nipote & laltro il figlio

Che sol senza alchun pari al mondo fue
& quei che uolsero ai nimici armati
chiudere il passo con le membra sue
Due padri da tre figli accompagnati
lun giua in nanzi & glialtti uenian dopo
& lultimo era il primo fra il audati
Poi fiameggiaua a guisa dun piropo
colui che col consiglio & con la mano
a tutta italia giunse al magior uopo
Di claudio dico che nocturno & piano
come il metauro uidde a purgar uenne
di ria semenza il buon campo romano.
Eglhebbe occhi al uedere al uolar penne
& un gran uecchio il secondaua appresso
che con arte hamballe abada tenne
Due altri fabii & due caton con esso
due pauli due bruti & due marcelli
un regol chamo roma & non se stesso
Vn curio & un fabritio assai piu belli
chon la lor pouerta che mida o crasso
con loro onde a uirtu furon rebelli
Cincinnato & seran che solo un passo
senza costor non uanno el gran camillo
diuiuer prima che di ben far lasso
Per che asi alto grado el ciel sortillo
che sua uirtute chiara il riconduse
la onde inuidia prima di partillo
Poi quel torquato chel fighuol per cosse
& uiuere orbo per amor sofferle
de la caualleria chorba non fosse

L' un decio & laltro che col pecto aperſe
 leſchiere de nimici o fiero uoto
 chel padre el figlio aduna morte offerſe
Curtio chon lor uenia non men diuoto
 che di ſe & del arme empie loſpeco
 in mezol foro horribilmente uoto
Mummio leuinio attilio & era ſeco
 tito flamminio che con forza uinſe
 ma uie piu con pieta il popol greco
Et raui quel chel re di ſiria cinſe
 dun magnanimo cerchio & con la fronte
 & con la lingua alſuo uoler lo ſtrinſe
Et quel charmato ſol difeſe un monte
 onde poi fu ſoſpinto & quel che ſolo
 contra toſcana tutta tenne un ponte
Et que chen mezzo del nimico ſtuolo
 moſſe lamano indarno & poſcia larſe
 ſi ſeco irato che non ſentil duolo
Et chi in mar prima uincitor apparſe
 contra cartagineſi & chi lor naui
 fra cicilia & ſardigna ruppe & ſparſe
Appio conobbi a gliocchi ſoi che graui
 furon ſempre & moleſte alumil plebe
 poi uidi un grande con acti ſoaui
Et ſe non chel ſuo lume al extremo ebe
 forſe era il primo & certo fu fra noi
 qual baccho alcide & paminonda a thebe
Mal peggio e uiuer troppo & uidi poi
 quel che del eſſer ſuo dextro & leggero
 ebbe nome & ful fior degli anni ſuoi

Et quanto in arme e fu crudo & seuero
  tanto quel chel seguiua era benigno
  non so se miglior duce o caualero
Poi uenia quei chel liuido maligno
  tumor di sangue bene oprando oppresse
  nobil uolumio & dalta laude degno
Cosso philon rutilio & da le spesse
  luci in disparte tre soli ir uedea
  & membra rotte & smagliate armi & fesse
Lucio dentato & marco sergio & sceua
  quei tre folgori & tre scogli di guerra
  ma lun non successor di fama leua
Mario poi che iugurta ei cimbri atterra
  el tedesco furore & fuluio & flacco
  cha lingrati troncar albel studio erra
El piu nobile fuluio & solo un gracco
  di quel gran nidio catulo inquieto
  che fel popol roman piu uolte stracco
Et quel cha parue altrui beato & lieto
  non dico fu che non chiaro si uede
  un chiuso cor in suo alto secreto
Metello dico & suo padre & suo rede
  che gia di macedonia & denumidi
  & dicreta & dispagna addusser prede
Poscia uespasian col figlio uidi
  el buono el bello non gia el bello el rio
  el buon nerua traian principi fidi
Helio adriano el suo antonin pio
  bella successione in fino amarco
  chebbono almeno a natural desio

Mentre che uago oltra con gliocchi uarco
uidi il gran fondatore e regi cinque
laltro era in terra di mal peso carco
Come adiuie ne a chi uertu relinque

Pien dinfinità & nobil marauiglia
presi amirare ilbon popol dimarte
chal mondo non fu mai simil famiglia
Giungea la uista con lantiche carte
oue son glialti nomi esommi pregi
& sentia elmio dir mancar gran parte
Ma disuiarmi ipelegrini egregii
hannibal primo & quel cantato in uersi
achille che di fama ebbe gran fregi
I duo chiari troiani & iduo gran persi
filippo el figlio che da persi a glindi
correndo uinse paesi diuersi
Vidi laltro alexandro non lungi indi
non gia correr cosi chebbe altro intoppo
quanto del uero honor fortuna scindi
I tre thebani chi dissi in un bel groppo
nel altro aiace diomede & ulixe
che disio del mondo ueder troppo
Nestor che tanto seppe & tanto uixe
agamenon & menelao chen spose
poco felice almondo fer gran rixe
Leonida cha suoi lieto propose
un duro prandio una terribil cena
enpoca piazza fe mirabil cose

E t alcibiade che sispesso athena
 come fu suo piacer uolse & riuolse
 chon dolce lingua & con fronte serena
Milciade chel gran giogo agrecia tolse
 el buon figliuol che con pieta perfecta
 lego se uiuo el padre morto sciolse
T heseo themistocles con questa setta
 aristides che fu un greco fabritio
 atutti fu crudelmente interdecta
L a patria sepultura & laltrui uitio
 in luxuria che nulla meglio scopre
 contrarii due chon picciolo intersitio
P hocion ua chon questi tre disopre
 che di sua terra fu scacciato & morto
 molto diuerso elguidardon da lopre
C omio mi uolsi ilbon pirro ebbi scorto
 el buon re maxinissa egliera auiso
 desser senza roman riceuer torto
C on lui mirando quinci & quindi fiso
 hiero siracusan conobbi il crudo
 & amilcar dallor molto diuiso
V idi quel chusci gia del fuoco ignudo
 il re di lidia manifesto exempio
 che poco ual contra fortuna scudo
V idi siphace pari asimil scempio
 brenno sotto cui cadde gente molta
 & poi chaddei sottol famoso tempio
n habito diuersa in popol folta
 fu quella schiera & mentre gliocchi alti ergo
 uidi una parte tutta in se raccolta

E t quel che uolse a dio far grande al bergo
 per habitar fra gli homini era il primo
 ma chi fe lopra gliuenia da tergo
A lui fu destinato onde da imo
 produxe al sommo ledificio sancto
 non tal dentro architecto comio stimo
P oi quel cha dio familiar fu tanto
 in gratia aparlar seco a faccia a faccia
 che nessun altro senepuo dar uanto
E t quel che come uno animal sallaccia
 cholla lingua possente lego el sole
 per giugner denimici suoi la traccia
O fidanza gentile chi dio ben cole
 quanto dio a creato auer suggetto
 il ciel legar chon semplici parole
P oi uidi il padre nostro a chui fu decto
 chusciffe di sua terra & gisse a loco
 cha lumana salute era gia electo
S ecol il figlio el nipote a chui fuil gioco
 facto delle sue spose el saggio el casto
 iosep dal padre lontanarsi un poco
P oi stendendo lauista quantio basto
 rimirando oue locchio oltre non uarca
 uidi il giusto ezechia & sanson guasto
D iqua da lui chi fece la grande arca
 & quel che comincio poi la gran torre
 che fu si dipeccato & derror carca
P oi quel buon giuda a chui nessun puo torre
 le sue leggi paterne inuicto & franco
 chomuoin che per giustitia amorte corre

Gia era el mio desir presso che stanco
quando mi fece una leggiadra uista
piu uago di ueder ch’io ne fussi anco
I uidi alquante donne ad una lista
antiope & oritia armata & bella
ipolita del figlio afflicta & trista
Et menalippe & ciaschuna si snella
che uincer lei fu gloria al grande alcide
& luna ebbe & theseo laltra sorella
auedoua che si sciura uide
moro il figliuolo & tal uendecta feo
ch’uccise cirro & hor sua fama uccide
Pero uedendo ancora il suo fin reo
par che di nouo a sua gran colpa moia
tanto quel di del suo nome per deo
Poi uidi quella che mal uide troia
& fra queste una uergine latina
che in italia a troiani fe tanta noia
Poi uidi la magnanima reina
con una treccia accolta & laltra sparsa
corse a la babillonica ruina
Poi uidi cleopatra & ciaschuna arsa
d’indegno foco & uidi in quella tresca
zenobia del suo honore assai piu scarsa
Bella era & nel eta fiorita & fresca
quanto in piu giouentute en piu bellezza
tanto per honesta sua laude acresca
Nel cor femineo fu tanta fermezza
che col bel uiso & con larmata coma
fece temere chi per natura sprezza

Io parlo del imperio alto di roma
che con arme affali ben che al extremo
fuffe al noftro triompho ricca foma
Frai nomi chen dir breue afcondo & premo
non fia iudith lauedouetta ardita
che fe el folle amador del capo fcemo
Ma nino onde ogni ftoria humana e ordita
douel lafcio el fuo gran fucceffore
che fuperbia conduffe a beftial uita
Belo doue riman fonte derrore
non per fua colpa doue zoroaftro
che fu del arte magica inuentore
Et chi de noftri dogi chen duro aftro
paffar leufrate fece il mal gouerno
a letali che doglie fiero impiaftro
Oue el gran mitridate quello eterno
nimico de romani che ramingo
fuggi di nanzi a loro la ftate el uerno
Molte gran cofe in picciol fafcio ftringo
oue uno amor & tre cefari augufti
un dafrica un difpagna un lotteringo
Cingean coftui fuo dodici robufti
poi uenia folo el buon doge goffrido
che fe lamprefa fancta e paffi giufti
Quefto di chio mifdegno endarno grido
fece in ierufalem con le fue mani
el mal guardato & gia neglecto nido
Ite fuperbi & miferi criftiani
confumando lun laltro & non uen caglia
chel fepulcro di crifto e in má de cani

Raro o nessuno che in alta fama saglia
uidio dopo costoro sio non minganno
o per arte di pace o di battaglia
Pur come huomini electi ultimi uanno
uidi uerso la fine elsaracino
che fece a nostri assai uergogna & danno
Quel di soria seguiua il saladino
poi el duca da lincastro che pur dianzi
era al regno de franchi aspro uicino
Miro come huom che uolentier sauanzi
se alchuno iui uedessi qualegli era
altroue agliocchi miei ueduto in nanzi
Et uidi due che si partiro iersera
di questa nostra etate & del paese
costor chiuden quella honorata schiera
El buon re cicilian che in alto intese
& lunge uide & fu ueramente argo
da laltra parte el mio gran colonnese
Magnanimo gentil constante & largo

IO non sapea da tal uista leuarme
quando udi pon mente a laltro lato
che saquista ben pregio altro che darme
Volsimi da man manca & uidi plato
chen quella schiera ando piu presso al segno
alquale agiugne chi dal cielo e dato
Aristotile poi pien dalto ingegno
pithagora che primo humilemente
philosophia chiamo per nome degno

Socrate & zenophonte & quello ardente
   uecchio a chui fur le muse tanto amiche
   chargo & micena & troia senepente
Questi canto glierrori & le fatiche
   del figliuol di laerte & della diua
   primo pictor delle memorie antiche
A mano aman chon lui cantando giua
   elmantouan che di par seco giostra
   &uno al chui passar lerba fioriua
Questo e quel marco tulio in chui si mostra
   chiaro quanta eloquentia & fructi fiori
   questi son gliocchi della lingua nostra
Dopo uenia demosthene che fuori
   e disperanza omai del primo loco
   non ben contento de secondi honori
Vn gran fulgor parea tutto di foco
   seco era eschin el chel potea sentire
   quando presso al suo tuon parue gia roco
Io non posso per ordine ridire
   questo o quel doue uedessi o quando
   & quale andare in nanzi & qual seguire
Che cose innumerabili pensando
   & mirando laturba tale & tanta
   locchio el pensier mandaua disuiando
Vidi solon di chui fu util pianta
   che si mal culta & mal fructo produce
   chon glialtri sei di quai grecia siuanta
Qui uidio nostra gente auer per duce
   uarrone il terzo gran lume romano
   che quantol miri piu tanto piu luce

Crispo salustio seco a mano a mano
&un che gli ebbe inuidia il uide torto
dico il gran tito liuio padouano
Mentr'io miraua subito ebbi scorto
quel plinio ueronese suo uicino
ascriuer molto a morir poco accorto
Poi uidi il gran platonico plotino
che credendosi in otio uiuer saluo
preuento fu dal suo fero destino
El qual seco uenia dal materno aluo
& pero prouedentia iui non ualse
poi crasso hortensio antonio galba & caluo
Con pollion chen tal superbia salse
che contro a quel darpin armar le lingue
& due cercando fame in digne et false
Tuchitide uidio che ben distingue
i tempi e luoghi et l'opere leggiadre
& di che sangue qual campo s'impingue
Herodoto di greca storia padre
uidi dipinto el nobil geometra
di triangoli tondi & forme quadre
Et quel chen uer di noi diuenne petra
porphyrio che da cuti silogismi
empie sua dialetica pharetra
Faccendo contra aluer arme & sophysmi
& quel dico che se uie maggior l'opra
se bene intesi fusson gli amphorismi
Appollo & eschulapio gli son sopra
chiusi ch'appena el uiso si comprende
si par che nomi el tempo linii & copra

Vn di pergamo il segue & in lui pende
  larte guasta fra noi allor non uile
  ma breue & scura la dichiara & stende
Vidi anaxarco intrepido et uirile
  & xenocrate piu saldo chun saxo
  che nulla forza il uolse ad acto uile
Vidi archimenide star col uiso basso
  et democrito andar tutto pensoso
  per suo uoler di lume et doro casso
Vidi ippia eluechierello che gia fu oso
  dire io so tutto et poi di nulla certo
  ma dogni cosa archesilao dubbioso
Vidi in suo decti heraclito couerto
  & diogene cinico in suo facti
  assai piu che non uuol uergogna aperto
Et quel che lieto i suo campi dissacti
  uide & deserti daltre merce carco
  credendo auerne inuidiosi pacti
Iui era elcurioso dicearco
  & in suo magisteri assai dispari
  quintiliano et seneca et plutarco
Vidiui alquanti chan turbati emari
  chonuenti aduersi et intellecti uaghi
  non per sapere ma per contender chiari
Vrtar come leoni et come draghi
  conle code auinchiarsi or che e questo?
  chogni hom del suo saper par che sappaghi
Carneade uidi in suo decti si desto
  che parlando egli il uero el falso apena
  si discernea cosi nel dir fu presto

La lunga uita et la sua larga uena
   dingegno pose adaccordar leparti
   chel furor litteral aguerra mena
Nel pote far che come crebbor larti
   crebbe linuidia & col saper inseme
   nequori enfiati esuo ueleni sparti
Contral buon siro che humana speme
   alzo ponendo lanima immortale
   sarmo epicuro onde sua fama geme
Ardito a dir chela non fosse tale
   cosi alume fu famoso elippo
   chon la brigata al suo maestro equale
Dimetrodoro parlo & daristippo
   poi chon gran subbio & chon mirabil fuso
   uidi tela sottili tesser crisippo
Degli stoici ilpadre alzato insuso
   per far chiaro suo dire uidi zenone
   monstrar la palma aperta el pugno chiuso
Et per fermar sua bella intentione
   la sua tela gentile ordir cleante
   che tira al uer la uaga opinione
Qui lascio & piu dilor non dico auante

Nel aureo albergo con laurora innanzi
   si racto usciual sol cinto diraggi
   che decto aresti elsi corco pur dianzi
Alzato un poco come fanno isaggi
   mirossi intorno et a se stesso disse
   che pensi!omai chonuien che piu cura aggi

Ecco sun hom famoso in terra uisse
della sua fama per morir non esce
che sara dela legge chel ciel fisse

Et se fama mortal morendo cresce
che spegner si douea in breue ueggio
nostra excellentia alfin onde mincresce

Che piu saspecta o che puote esser peggio
che piu o io in cielo chen terra uno homo
a chui essere equal per gratia cheggio

Quattro caual con quanto studio como
pasco neloceano sprono & sferzo
& pur la fama dun mortal non domo

Iniuria da coruccio & non da scherzo
aduenir questo a me sio fossi in cielo
non dico primo ma secondo o terzo

Hor conuien che saccenda ogni mio zelo
si chal mio uolo lira doppi uanni
chi porto inuidia agli huomini e nol celo

De qual io ueggio alchun dopo millanni
& mille & mille piu chiari chen uita
& io mauanzo de perpetui affanni

Tal son qual era anzi che stabilita
fusse la terra nocte & di rotando
per lastrada rotunda che infinita

Poi che questo ebbe decto disdegnando
riprese elcorso piu ueloce assai
che falcon dalto asuo preda uolando

Qual dico ne pensier poria gia mai
seguir suo uolo non che lingua ostile
benche con gran paura ilrimirai

Allor tennio el uiuer nostro auile
per lamirabil sua uelocitate
uia piu che innanzi nol tenea gentile
Et paruemi mirabil uanitate
fermare in cose elcor chel tempo preme
che mentre piu lestringi son passate
Pero chi di suo stato cura o teme
proueggia ben mentre e larbitrio intero
fermare in loco stabile sui speme
Che quantio uidil tempo andar leggero
dopo laguida sua che mai non posa
io nol diro per che poter non spero
I uidil ghiaccio & li presso larosa
quasi in unpūto el gran freddo el gran caldo
che pure udendo par mirabil cosa
Ma chi ben mira col giudicio saldo
uedra esser cosi che nol uidio
di che contro amestesso or miriscaldo
Segui gia lesperanze eluan desio
ora o dinanzi agliocchi un chiaro specchio
ouio ueggio mestesso el falir mio
Et quanto posso al fine i mapparechio
pensando al breue uiuer mio nel quale
stamane ero un fanciullo & hor son uecchio
Che piu dun giorno la uita mortale
nubile breue freddo & pien di noia
che puo bella parer ma nulla uale
Qui lumana speranza & qui la gioia
qui emiseri mortali alzan la testa
& nessun sa quanto si uiua o moia

Veggio or la fuga del mio uiuer presta
anzi di tutti & nel fuggir del sole
la ruina del mondo manifesta
Hor uiriconfortate in uostre fole
giouani et misurate il tempo largo
ma piaga antiueduta assai men dole
Forse chendarno mie parole spargo
ma io uannuntio che uoi sete offesi
da un graue et mortifero letargo
Che uolan lore egiorni glianni e mesi
in sieme et con breuissimo interuallo
tutti auemo acercare altri paesi
Non fate contral uero al core un callo
come sete usi anzi uolgete gliocchi
mentre emendar si puote el uostro fallo
Non aspectate che la morte scocchi
come fa la piu gente che percerto
infinita e laschiera degli sciocchi
Poi chio ebbi ueduto & ueggio aperto
eluolare elfuggir del gran pianeta
ondio o danni en ganni assai soferto
Vidi una gente andarsen cheta cheta
non temendo di lui ne di suo rabbia
che gliauea in guardia storico et poeta
Di lor par che piu daltri inuidia sabbia
che perse stessi son leuati auolo
uscendo fuor della comune ghabbia
Contro a costoro colui che splende solo
sappatechiaua con maggiore sforzo
& riprendeua un piu spedito uolo

A suo corsier raddoppiato era lorzo
　　& la reina di chio disopra dissi
　　dalchun de suoi gia uolea far diuorzo
V di dir non so chi mal decto scrissi
　　in questi humani adir proprio ligustri
　　dicieca obliuione & schuri abissi
V olgera il sole non pur anni ma lustri
　　& seculi uictor dogni celebro
　　& uedrai uaneggiar di questi illustri
Q uanti fur chiari tra penneo et hebro
　　che son uenuti ouerran tosto meno
　　quanti sul xanto & quanti in ual di tebro
V n dubbio hyberno uno instabil sereno
　　e nostra uita & poca nebbia il rompe
　　el grantempo agran nomi e gran ueleno
P assan uostri triomphi & uostre pompe
　　passan le signorie passano eregni
　　ogni cosa mortal tempo interrompe
E t ritolta amen buoni non da piu degni
　　& non pur quel difuori iltempo solue
　　ma le uostre eloquentie euostri ingegni
C osi fuggendol tempo seco uolue
　　ne mai sipossa ne sarresta o torna
　　in fin che ua condocti inpoca polue
H or per che humana gloria a tante corna
　　non e gran marauiglia safiacharle
　　al quanto oltra lusato sisoggiorna
M a che unque sipensi il uulgo o parle
　　sel uiuer nostro non fusse si breue
　　tosto uedresti in sumo ritornarle

Vdito questo per che aluer si deue
non contrastar ma con perfecta fede
uidi ogni uostra gloria al sol di neue
Et uidil tempo rimenar tal prede
de nostri nomi chio gliebbi per nulla
benche la gente cio nol sa nel crede
Cieca che sempre al uento si trastulla
& pur difalse opinion si pasce
lodando piu morir uecchio chen culla
Quanti fur gia felici morti in fasce
quanti miseri in ultima uecchiezza
alchun dice beato e chi non nasce
Ma per la turba agrandi errori auezza
dopo la lunga eta si al nome chiaro
che e questo pero che si sapprezza
Tanto uince & riuolge el tempo auaro
chiamasi fama & e morir secondo
ne piu chi contral primo e alcun riparo
Cosi il tempo triompha e nomi el mondo

DA poi che sotto il ciel cosa non uidi
stabile & ferma tutto sbigottito
ame miuolsi et dissi in che tisidi?
Rispuosi nel signor che mai fallito
non a promessa a chi si fida inlui
ma ben ueggio chel mondo ma schernito
Et sento quel chio sono et quel chi fui
& ueggio andare anzi uolare il tempo
& doler miuorrei non so di chui

Che la colpa e pur mia che piu per tempo
douea aprir gliocchi et non tardare al fine
cha dire il uero omai troppo mattempo
Ma tarde non fur mai gratie diuine
en quelle spero che ancora faranno
altere operationi et pelligrine
Cosi decto & risposto or si non stanno
queste cose chel ciel uolge & gouerna
dopo molto uoltar che fine aranno
Questo pensaua & molto piu sinterna
la mente mia uider miparue un mondo
nouo in eta immobile et eterna
Il sol & tutto il ciel disfare atondo
chon le sue stelle ancor la terra el mare
et rifarne un piu bello & piu giocondo
Qual marauiglia ebbio quando restare
uidi in un pie colui che mai non stette
ma discorrendo suol tutto cangiare
Et le tre parti sue uidi ristrette
ad una sola & quelluna esser ferma
si che come solea piu non saffrette
Et quasi in terra derba ignuda & herma
ne fia ne fu ne mai innanzi ondietro
chumana uita fanno uaria en ferma
Passal pensier si come sole in uetro
anzi piu assai pero che nulla il tene
o qual gratia mi fia se mai lompetro
Chio ueggia iui presente el sommo bene
non alcun male che solo il tempo mesce
& con lui sidiparte & con lui uene

Non aura albergo sol tauro ne pesce
   perlo cui uariar nostro lauoro
   or nasce or more & or scema & or cresce
Beati spirti che nel sommo choro
   sitrouerranno & trouano in tal grado
   che sia memoria eterna ilnome loro
O felice colui che troua el guado
   di questo alpestro & rapido torrente
   cha nome uita cha molti e si agrado
Misera la uolgare & cieca gente
   che pon qui sue speranze in cosetali
   chel tempo leneporta si repente
O ueramente sordi nudi & frali
   poueri dargumento & di consiglio
   egri del tutto & miseri mortali
Quel chel mondo gouerna pur colciglio
   che conturba & aqueta glielementi
   al chui sauere non pur io non mapiglio
Ma gliangeli ne son lieti & contenti
   diueder de le mille parte luna
   en cio si stanno desiosi ententi
O mente uaga al fin sempre digiuna
   a che tanti pensieri unora sgombra
   quel chen molti anni apena sirauna
Quel chelanima nostra preme en gombra
   dianzi adesso hiermattina hiersera
   tutti in unpunto passeran comombra
Non ara loco fu sara ne era
   ma e solo alpresente et ora et oggi
   & sola eternita raccolta en tera

Quanti spiamati dietro ennanzi poggi
  choccupauan la uista nostra in chui
  nostro sauere & rimembrar sappoggi
La qual uarieta fa spesso altrui
  uaneggiar si chel uiuer pare un gioco
  pensando pur che saro io che fui
Non sara piu diuiso apoco apoco
  ma tutto insieme & non piu state o uerno
  ma morto il corpo et uariato il loco
Et non aranno inman glianni ilgouerno
  delle fame mortali anzi chi fia
  chiaro unauolta fie chiaro in eterno
O felici quelanime chen uia
  sono o saranno di uenire al fine
  di chio ragiono quandunque e sisia
Et fra laltre leggiadre et pelligrine
  beatissima lei che morte ancise
  assai di qua dal natural confine
Parranno allor langeliche diuise
  & loneste parole e pensier casti
  che nel cor giouinil natura mise
Tanti uolti chel tempo et morte anguasti
  torneranno al suo piu fiorito stato
  & uedrassi oue amor tu milegasti
Ondio adito ne saro monstrato
  ecco chi pianse sempre & nel suo pianto
  sopral riso dognaltro fu beato
Et quella di chui ancor piangendo canto
  aura gran marauiglia di se stessa
  uedendosi fra tutte dare il uanto

Quando cio fia non so sassel propio essa
tanta credenza apiu fidi compagni
asi alto segreto chi sappressa

Credo che sauicini & de guadagni
ueri & de falsi si fara ragione
che tutti fieno allora opre diragni

Vedrassi quanto in uan cura sipone
& quanto indarno saffatica & suda
come sono ingannate le persone

Nessun secreto fia chi coupra o chiuda
fia ogni conscienza o chiara o fosca
dinanzi a tuttolmondo aperta & nuda

Et fia chi ragion giudichi & conoscha
poi uedren prender ciaschun suo uiaggio
come fiera chacciata sirimboscha

Et uederassi in quel poco paraggio
che uisa ir superbi oro o terreno
essere stato danno et non uantaggio

En disparte color che sotto il freno
di modesta fortuna ebbono in uso
senzaltra pompa digoderfi in seno

Questi cinque triomphi in terra giuso
hauem ueduti et ala fin il sesto
dio permettente uederen lassuso

El tempo a diffar tutto et cosi presto
& morte in suo ragion cotanto auara
morti insieme saranno quella & questo

Et quei che fama meritaron chiara
chel tempo spense ci bei uisi leggiadri
chen palidir fel tempo & morte amara

L obliuion gliaspecti obscuri & adri
  piu che i bei torn... ...ceranno
  a m... ...giorni ladri
N el... ...ita et uerde aranno
  ...n immortal bellezza eterna fama
  ma innanzi a tutti cha rifar si uanno
E t quella che piangendo il mondo chiama
  chon la mia lingua et chon la stanca penna
  mal ciel pur diuederla interra brama
A rriua un fiume che nasce in gebenna
  amor mi die per lui si lunga guerra
  che la memoria ancora el core accenna
F elice saxo chel bel uiso serra
  che poi chaura ripreso il suo bel uelo
  se fu beato chi la uide in terra
O r che fia dunque a riuederla in cielo?

FINIS. M.CCCCLXX.

Quę fuerāt multis quōdam confusa tenebris
  Petrarcę laurę metra sacrata suę
Christophori et feruens pariter cyllenia cura
  Transcripsit nitido lucidiora die.
Vtq; superueniens nequeat corrumpere tēpus
  En Vindelinus ęnea plura dedit.

www.ingramcontent.com/pod-product-compliance
Lightning Source LLC
Chambersburg PA
CBHW050739170426
43202CB00013B/2297